Aurora Mastroleo, Pamela Pace

¿*Come o no come?*

Colección
Parenting

Otros títulos publicados en Gedisa:

El niño feliz
Dorothy Corkille-Briggs

Los patitos feos
La resiliencia: una infancia infeliz no determina la vida
Boris Cyrulnik

Bebés canguros
El recién nacido y su contacto con la madre
Nathalie Charpak

El adolescente cautivo
Adolescentes y adultos ante el reto de crecer en la sociedad actual
Rubén Gualtero Pérez y Asunción Soriano Sala

Hijos en libertad
A. S. Neill

Padres como los demás
Parejas gays y lesbianas con hijos
Anne Cadoret

La adolescencia: manual de supervivencia
Guía para padres e hijos
Rosina Crispo, E. Figueroa y Diana Guelar

Ser padres, ser hijos
Los desafíos de la adolescencia
Mario Izcovich

¿Come o no come?

Los desórdenes alimentarios

Aurora Mastroleo, Pamela Pace

Título original del italiano: *Mangio o non mangio?*
© 2015 Mondadori Electa S.p.A.
All Rights Reserved

© De la traducción: Belén Maside Oliete
Corrección: Rosa Rodríguez Herranz

Cubierta: Juan Pablo Venditti

Primera edición: junio de 2017, Barcelona

Derechos reservados para todas las ediciones en castellano

© Editorial Gedisa, S.A.
Avda. del Tibidabo, 12, 3.º
08022 Barcelona (España)
Tel. 93 253 09 04
gedisa@gedisa.com
http://www.gedisa.com

Preimpresión: Moelmo S.C.P.
www.moelmo.com

ISBN: 978-84-16919-36-9
Depósito legal: B.10621-2017

La traducción de esta obra ha sido financiada por el SEPS Segretariato Europeo per le Pubblicazioni Scientifiche

Via Val d'Aposa 7 - 40123 Bologna - Italia seps@seps.it - www.seps.it

Impreso por Sagrafic

Impreso en España
Printed in Spain

Queda prohibida la reproducción total o parcial por cualquier medio de impresión, en forma idéntica, extractada o modificada, de esta versión castellana de la obra.

Índice

El hambre y el amor 9

Del cordón umbilical al pecho (0-6 meses) 17

Tú no eres yo, yo no soy tú (6 meses - 3 años) 47

La primera separación de verdad (3-5 años) 85

«Estoy creciendo». El alimento para el corazón,
    el alimento para el cuerpo (6-9 años) 113

«Ya no soy un niño». El cuerpo y la alimentación
    en la pubertad (10-14 años) 137

Conclusiones 163

Bibliografía 167

El hambre y el amor

«Todo ha ido bien hasta que he intentado quitar el pecho a mi hija Elena, que hoy tiene dos años y medio. Había aceptado los primeros alimentos sólidos, que comía con la cuchara. Seguía dándole el pecho, animada por el pediatra, que me decía que era una pena quitárselo, ya que aún tenía leche. Pero hoy estoy cansada y preocupada y no sé qué hacer: en cuanto mi hija me ve exige el pecho. Es una pesadilla, sobre todo de noche: se despierta varias veces y sólo me quiere a mí. Yo sé que no quiere pecho por hambre, pienso que solamente lo quiere para «mimarse». De hecho, se relaja y muchas veces se duerme con el pezón en la boca. He probado a darle el chupete, pero lo escupe, y rechaza también el biberón y la cuchara: o le doy yo de comer o gira la cara hacia otro lado. En concreto, este retroceso se ha producido desde que he intentado quitarle completamente el pecho. Pero estoy cansada; en el trabajo lucho para no quedarme dormida, estoy nerviosa, irascible: ¿es posible que con casi tres años mi hija quiera todavía tomar el pecho? A veces me desabrocha la camisa o me levanta el jersey para coger lo que quiere, y si me resisto empieza a gritar tan fuerte y a desesperarse tanto que, finalmente, cedo. En realidad no consigo quitarle el pecho, temo que pueda sufrir un trauma. ¡No quiero que mi hija me odie!».

Lucía

Así se expresa Lucía durante la primera consulta, a la espera de respuestas útiles para resolver un doble problema: destetar a Elena y hacerla autónoma de ella. Este testimonio es paradigmático de muchas historias que mamás y papás cuentan, lamentando su fatiga y preocupación, e imaginando esperanzados que el especialista pueda encontrar una solución «mágica» que resuelva el problema de su niño. Pero no es así, sobre todo si los padres no están concienciados de que el destete y la separación nunca son vividos solamente por el niño, es decir, que no suponen una fatiga dolorosa que implica únicamente al pequeño. Al contrario, separación y destete suponen un recorrido binario: mamá e hijo encuentran por primera vez la frustración de tener que renunciar a la unión originaria de la lactancia alarga a través del contacto de los dos cuerpos, y a esa intensa e íntima comunicación no verbal y afectiva que hace única y especial la lactancia. ¡La dimensión afectiva y alimentaria están interconectadas hasta tal punto que en los primeros meses de vida no se entiende a quién pertenece más el pecho, si al bebé o a la mamá!

Sin embargo, también los padres, hoy en día más implicados desde el embarazo y dispuestos a cuidar del hijo, desempeñan un papel precioso y útil en el cumplimiento del necesario camino de separación de la pareja madre-niño. El deseo, como hombre y como padre, funciona como límite del idilio materno y distracción para el niño hacia otro objeto de amor, distinto de la madre. Entonces, ¿por qué es tan difícil el destete?

A partir del encuentro que, desde el nacimiento, el recién nacido tiene con el alimento y el amor en la experiencia de la lactancia, la comida se vuelve el objeto de la infancia. El comportamiento alimentario en el niño se transforma muy pronto en vehículo no sólo de «sustancias proteicas», sino también de mensajes que se dirigen a sus objetos de amor, los cuales deben ser reconocidos, acogidos e interpretados. En efecto, no se agota el acto alimenticio únicamente en la satisfacción de una necesidad primaria, el hambre, sino que desde el principio se entrelaza con la exigencia del niño de una respuesta a su demanda de amor: «¿qué sitio tengo en tu deseo?, ¿me echas de menos?, ¿puedes perderme?».

El carácter ético de tales mensajes muestra cómo el acto nutritivo se convierte tempranamente en una primera forma de comunicación ligada a la dimensión afectiva entre el niño y la mamá y, sucesivamente, hacia su entorno familiar. La conexión «comida-cariño-mensaje» hace por tanto del acto alimentario una metáfora del amor, es decir, del cambio afectivo entre el niño y sus objetos de amor. Eso explica la posibilidad de que en algunos momentos del desarrollo como el destete las labores vinculadas a las tareas evolutivas, los miedos y el malestar también puedan expresarse por su comportamiento alimentario que, en consecuencia, puede volverse el lugar en el que las dinámicas afectivas y relacionales, al encontrarse, puedan cortocircuitar fácilmente y desencadenar dinámicas patológicas.

Pasar a los alimentos sólidos o dormir en la propia camita, en una habitación diferente de la de mamá, representan grandes conquistas, necesarias para el crecimiento. Y a pesar de eso, en el pequeño pueden provocar frustración, rabia y miedo. Pero no es posible un crecimiento sin frustraciones: son precisamente tales experiencias las que refuerzan al sujeto y coadyuvan a su desarrollo, mucho más que las continuas gratificaciones, paradójicamente.

A este propósito, pensamos que la gran dificultad que los «nuevos padres» encuentran radica en su profunda convicción de ser, sobre todo, dispensadores de felicidad y serenidad para sus propios hijos, y de querer evitar en lo posible la responsabilidad de provocar penas y frustraciones. Es por esa razón que para muchas mamás y papás resulta pesado y dificultoso acercar a sus hijos a la experiencia de la renuncia, de los límites, de las prohibiciones.

También Lucía, en la carta presentada al principio, expresa el temor de que destetar a su hija de casi tres años pueda representar para ésta un trauma insuperable y, por consiguiente, tiene miedo de dejar de resultarle amable a la hija, como sin embargo es su deseo. Y aquí está el obstáculo, es decir, la dificultad que esta mamá y muchas otras presentan en el curso de los primeros encuentros de valoración psicológica, y que no concierne en realidad a un problema alimentario, sino al registro del amor, de la relación afectiva, tan estrechamente entrelazada desde el nacimiento con el ámbito de la nutrición.

Elena es una niña sana, física y psicológicamente, sólo que no quiere aceptar la renuncia al cariño que supone mamar del pecho. Es un ejemplo que nos hace entender cómo las dificultades alimenticias se pueden presentar dentro de un desarrollo normal del niño o estructuradas en cuadros patológicos.

Este libro, por lo tanto, quiere sensibilizar sobre la importancia de la prevención, es decir, de la intervención precoz, ya en la infancia, como un recurso útil para evitar el desarrollo de patologías alimenticias, tales como anorexias de destete, hiperfagia u obesidad. Hemos propuesto clasificar los trastornos alimentarios en la edad evolutiva diferenciando dos ámbitos: los malestares alimentarios y los trastornos alimentarios.

Los malestares alimentarios (rarezas alimenticias, inapetencias, selectividad) se refieren a cuadros transitorios de malestar del niño o a la relación del niño con el entorno familiar en el cual el pequeño prueba a mandar mensajes referidos a su sufrimiento interior por la comida y el acto alimenticio. Además de la transitoriedad, los malestares alimentarios no comportan generalmente consecuencias en el plano del crecimiento y no implican un problema específico en otras áreas del desarrollo (sueño, juego, etc.). Son una forma de malestar que hace posible el diálogo: es un mensaje que se manda y se deposita en las manos del adulto de referencia del niño y que está pidiendo un diálogo, una traducción, una interpretación. El mensaje, por tanto, puede ser traducido, siempre que haya un interlocutor dispuesto o capaz de hacerlo.

Los trastornos alimentarios (anorexia, bulimia, obesidad) se refieren a cuadros más patológicos, dentro de los cuales la oposición, el rechazo o el atiborre de la comida están presentes por más tiempo y el comportamiento del niño parece más determinado. Estos trastornos evidencian un mayor compromiso de la relación del niño con los padres y con el entorno escolar. A menudo, además de la esfera alimenticia, están presentes también señales de malestar en otras áreas (molestias del sueño, de la conducta, de la interacción con los compañeros y con los adultos) y posibles compromisos respecto a la salud del niño y a la curva de crecimiento.

Sin embargo, está bien precisar que los trastornos alimentarios evidencian el hecho de que en las rarezas alimenticias —al igual que en la gran parte de los fenómenos de trastorno de los comportamientos infantiles (trastornos del sueño, de la socialización, del aprendizaje, déficit de la atención e hiperactividad, hasta los cuadros serios de anorexia y obesidad)— se esconde un mensaje enviado por el niño a sus padres. Se trata de un mensaje cifrado, que representa una protesta y, a veces, también una duda sobre el amor y el sitio que el propio niño ocupa dentro de la familia.

Comer/ayunar adquiere en el niño el sentido más general de aceptar/rechazar algo del otro que pasa por la comida. Generalizando, el modo en que el niño ya desde muy pequeño indaga sobre el deseo que los padres sienten hacia él, expresando al mismo tiempo un malestar suyo (miedo, dificultad, soledad, etcétera), es justo a través de comportamientos inestables o patológicos.

Deseamos precisar que cuando hablamos de una duda sobre el amor no queremos referirnos a niños no queridos o que dudan de serlo. **Queremos reflexionar, en cambio, sobre dos aspectos que conciernen al amor: el amor en el sentido de querer, del impulso para dar nuestro cariño, y el amor entendido como el «deseo» de la otra persona. El deseo implica que echemos de menos a aquella persona que deseamos, es decir, sentimos la necesidad de su presencia y su amor por nosotros**. Estas dos partes del amor atañen tanto al dar como a la experiencia de la falta del otro y de su deseo. La necesidad de sentirse deseado invoca, por tanto, el deseo del otro: yo puedo querer a mi hijo y, sin embargo, en mi deseo pueden estar primero otras cosas, por ejemplo: mi carrera, mis exigencias u otras personas. Y un niño, también desde muy pequeño, se plantea tal cuestión: «siento que estoy rodeado de cariño, pero ¿qué sitio ocupo en el deseo de mi papá?, ¿estoy antes o después de su trabajo o su moto?, ¿puede olvidarme?, ¿me añora?». La devoción, el amor parental, implican la capacidad de reconocer al hijo como un sujeto único y particular, y no como una propiedad; un sujeto que puedes echar de menos y que se alimenta de tu presencia. En efecto, no existe un objeto particular que satisfaga la pregunta del amor; es decir, no se encuentra en el supermercado, porque **la demanda de amor siempre está insatisfecha y no se agota con un objeto, no es una demanda de esto o aquello, sino que es una demanda del otro, de su presencia.**

Un ejemplo: podemos ver representada esta modalidad de la demanda afectiva cuando los niños, antes de dormir, solicitan continuamente nuestra presencia; en primer lugar que se les lea un cuento, luego ponerse debajo de las sábanas, luego un beso, etc. La demanda de amor se satisface respecto al sentido de aquel gesto, ya sea en la oferta del seno, vale decir, de la calidad de la oferta del seno, de la mano que acaricia o de la presencia del padre que cuenta un cuento. Una madre preocupada por los llantos de su propio hijo puede verse inducida a ofrecerle algo material para hacerlo callar, arriesgándose así a producir una confusión. Lograr interpretar correctamente el llanto y las exigencias del hijo es una de las funciones más importantes de la madre. Cada madre tiene en sí esa capacidad de contención simbólica: interpretar y traducir para poder contestar adecuadamente; sin embargo, esta capacidad puede encontrarse con algunas dificultades.

Las historias de las chicas anoréxicas enseñan a menudo que ha habido, desde la infancia, una confusión entre la necesidad (el hambre) y el deseo, entre la comida y el cariño, una tendencia a contestar a la pregunta de amor con la oferta de comida u objetos. Hay que decir en todo caso que es normal que se produzca un período de inapetencia durante el destete: en el lactante existe un tipo de anorexia fisiológica que en el pequeño señala el inicio de una primera conciencia de que la unidad, es decir, la fusión experimentada con la mamá, es en realidad una pareja; entonces, él y mamá no son la misma cosa. A esta primera conciencia el pequeño contesta, ya sea protestando o con el temor de poder perder el objeto de amor. ¿Y cómo puede expresarlo siendo todavía infante, es decir, sin palabra? Con el llanto y la pretensión de una continua unión.

Vemos pues cómo el acto alimenticio introduce al pequeño en la experiencia de un mundo que tiene cierto funcionamiento, donde las cosas tienen que estar de cierto modo, donde las personas pueden estar allí y en otro lugar, donde hay días y noches, horarios y momentos diferentes en los que jugar, comer, bañarse, etcétera. Todo esto no es fácil de aceptar enseguida... requiere tiempo y, sobre todo, necesita de otro, de la mamá, dispuesta a coadyuvar en la superación de estas primeras frustrantes conciencias.

La estrecha alianza entre comida-cariño-relación-comunicación explica con claridad el valor intrínseco del mensaje cuando se produce un trastorno alimentar. La docilidad del bebé, del niño pequeño, no debe hacernos pensar que no sea capaz, ya en edad temprana, de protestar, rechazar, oponerse: posee un arma que en realidad no sabe que tiene semejante sobre el otro. Abrir o cerrar la boca, aceptar o rechazar lo que viene del otro, sea el pecho o la papilla, supone el poder de poner en jaque al otro, ya sea la mamá o el papá. La comida es pues un objeto privilegiado que puede ser fácilmente usado para quedar ligado al otro o para tratar de apartarse de la mano dura del otro.

Por lo tanto, creemos que hacer prevención consiste en ayudar a los padres y a los educadores a captar este mensaje y a buscar el modo más adecuado de superar las dificultades que el crecimiento comporta, y que también pueden manifestarse dentro de la relación del niño con la alimentación.

Del cordón umbilical al pecho (0-6 meses)

Los precursores de la lactancia: cordón umbilical y posición materna

Durante el embarazo, el cuerpo y la subjetividad de la mujer están sometidos a un trabajo físico y mental profundo y muy constructivo. La metáfora de la construcción es muy evocadora de lo que ocurre, sea en el cuerpo o en las vidas femeninas: el cuerpo está empeñado en construir un contenedor bueno, sólido y nutritivo para el feto, y la mente está inmersa en la necesidad de tolerar los inesperados cambios fisiológicos y, al mismo tiempo, en hacer un espacio en los propios pensamientos al niño que será. Si en los primeros tres meses está sobre todo en juego la necesaria tolerancia de las molestias o los malestares, además de la necesidad de encontrar un contacto diferente con las percepciones del propio cuerpo y por tanto cuidar de él, en los meses centrales del embarazo se desencadena un trabajo mental generalmente más libre de las cuestiones físicas y principalmente vinculado al mundo de la imaginación. Generalmente, en el curso del cuarto mes, también gracias a la experiencia de la ecografía y la percepción de los primeros movimientos del feto, el trabajo mental queda más libre de los aspectos estrechamente fisiológicos. Eso favorece la elaboración de escenarios imaginarios respecto al niño futuro que, en la mujer, inauguran un conjunto de emociones oscilantes entre dos extremos opuestos: un estado de satisfecha serenidad y un estado de aprensión. Es una fase en la que a menudo florecen los sueños, cuyo recuerdo ofrece una primera representación de esperas y miedos propios de ese momento. Aparecen contenidos extravagantes y al mismo tiempo evocadores en los sueños, como exageradas fermentaciones de pizzas, muñecas que se transforman en niños, volcanes en erupción... En el fondo, mientras en el cuerpo se prepara la cuna física en la que el embrión se vuelve feto, en su mente la mujer prepara una serie de imágenes que permiten al niño empezar a existir a través de ella, mucho antes de que él nazca. Éste es el «niño imaginario»,[1] es decir, aquella preciosa presencia que la mamá espera y que, en la espera, empieza a desear.

Obviamente, esta representación encuentra sus orígenes en el deseo particular, no siempre del todo consciente, que ha llevado a una mujer a la concepción del niño, y proviene de la historia que la propia madre ha tenido en su momento como hija. Sin embargo, la representación íntima del «niño imaginario» se teje y también se colorea a partir de la particular acogida que tal deseo ha tenido acerca de la propia pareja, así como de la calidad de la respuesta del futuro padre ante el anuncio del embarazo. **La pareja parental se origina a partir de lo que se juega en la unión entre los dos compañeros, donde el destino de la crianza de los hijos está íntimamente ligada al deseo de un hombre y de una mu-**

---

1. Vegetti Finzi, S. *Il bambino della notte. Divenire donna, divenire madre*, Mondadori, Milán, 1995.

jer para compartir el proyecto de familia y el crecimiento de un hijo.

En la cotidianidad de la vida de las mujeres, durante el embarazo la palabra más esperada y, por lo tanto, más significativa a propósito de su propio futuro como madre es la del ginecólogo. Y hoy, además de la palabra del médico también incide la imagen que la ecografía ofrece. Efectivamente, el empleo de las máquinas para monitorizar las fases del embarazo representa una ocasión extraordinaria y nueva para ver literalmente dentro de sí y, por lo tanto, poder encontrar tempranamente algo real del niño que se espera. Por esta razón, la visita ginecológica y el examen ecográfico van acompañados por una espera que se rodea de alegría y curiosidad, pero también de miedo.

El latido cardíaco y la referencia ecográfica representan un primer encuentro con la realidad que está creciendo en el interior del cuerpo. Sin embargo, imagen y control, para poder ser significativos, tienen que estar acompañados por una descripción y explicación del médico que certifica el curso del embarazo: la suya es un tipo de «palabra-espejo», ya sea porque ofrece un juicio especializado y un pronóstico respecto al curso del embarazo o porque las mujeres le atribuyen un valor simbólico a tal juicio y, por tanto, tales palabras pueden hacerles sentir más o menos adecuadas como madres. Aunque la opinión médica prescinda de consideraciones subjetivas, precisamente porque deriva de la comparación entre el caso específico y los indicadores estándares, siempre adquiere para la futura mamá un valor primario tal que le atribuirá al ginecólogo una posición importante y preciosa como interlocutor con su propio deseo de ser madre.

Son justo las descripciones de los ecografistas y las explicaciones de los ginecólogos las que marcan por primera vez y de forma original el modo en que la mujer vive la misma maternidad. A partir de ellas, en la práctica, comienza a tejerse de forma precoz el sentido particular de ese embarazo. La mujer encuentra en estas palabras un espejo en el que observar la imagen refleja de su propio ser en un «contenedor de vida». ¿Qué significa esto? La fecundidad y funcionalidad de los delicados órganos reproductivos femeninos es frecuentemente objeto de ansiedades y miedos íntimos que acompañan la vida de las mujeres.

El ciclo del reloj biológico puede contribuir a infundir incertidumbres, ya sea con respecto al modo particular que cada mujer tiene de vivir la misma sexualidad, como por el conflicto que ocasiona el acceso a la maternidad o por devolver el acceso a la maternidad de forma más o menos conflictiva Las palabras del médico durante las visitas ginecológicas son potenciales nutritivos para la madre, pues le ofrecen una primera confirmación. Son justo esos acontecimientos los que funcionarán como precursores del cordón umbilical, es decir, los que promoverán una primera legitimación de la futura capacidad de esa mujer de ofrecer nutrimento a la vida del propio niño.

El nacimiento, el corte y el encuentro con el niño

La relación entre la mamá y el propio niño en el ámbito psicológico se define como «relación primaria» porque juega un papel fundamental en la constitución de la «subjetividad» del recién nacido. Pero ¿de qué depende la calidad de la relación primaria? De múltiples factores que, como los ingredientes de una tarta, se suman y se amalgaman, contribuyendo a realizar una unión madre-hijo única e irrepetible. El sentido común indica esta particularidad de la unión primaria en el dicho: «Madre sólo hay una». Ahora bien, también cada hijo criado por la misma madre es único e irrepetible. **La riqueza y la unicidad de esta relación tan importante, y también tan difícil de definir, encuentran su origen justo en la evolución de los acontecimientos interiores de las mujeres durante el embarazo y el parto**.

En efecto, el proceso de crecimiento físico y mental del pequeño en los meses centrales del embarazo encuentra luego en las últimas semanas de este proceso una vuelta rápida y lleva consigo nuevos sentidos para mamá y papá. Resumiendo, podríamos decir que a la fase constructiva de los primeros meses corresponde, en la madre, una función de contención; en esta fase, el funcionamiento de la madre ejerce una «fuerza centrípeta» que induce a condensar en el propio interior energías físicas y psíquicas, poniéndolas al servicio del crecimiento del niño.

La madre, metafóricamente, contiene al propio niño como un «envoltorio» y lo protege. En los últimos meses, se inaugura un nuevo proceso ligado a la necesaria abertura, sea mental o fisiológica, que predispone a la mujer a la bajada del niño con el fin de promover y coadyuvar el parto. La fuerza se transforma de centrípeta, hacia el interior del cuerpo, en centrífuga, hacia el exterior del cuerpo. A este paso corresponde un cambio también íntimo, es decir, interior a la vivencia de la futura madre, vinculado al sentido y al objetivo preciso del acontecimiento gravídico: el nacimiento.

En el fondo, para crear se necesita estar dispuestos a perder algo, así como para poder crear la vida se necesita estar dispuestos a dejar ir y a aceptar que «el dulce inquilino» abandone la «casa-útero», y a asumir la responsabilidad del dolor que acompaña la alegría del nacimiento de un hijo. No sólo. Los actuales protocolos obstétricos indican cómo en la experiencia del parto la mujer tiende a perder el control total de lo que le ocurre y tiene que dejarse llevar por los mensajes que le manda el cuerpo o por sus propias sensaciones, en un delicado y pesado «retener y conceder».

Por estos y otros aspectos, el nacimiento es un momento extraordinario, único, en cuanto no comparable a otros acontecimientos de la vida porque implica ante todo la necesidad del empeño de la mujer para encontrar la fuerza de perder una vida —intrauterina— y dejar ir de este modo al propio niño, para inaugurar otra, diferente de la anterior, acogiendo al hijo en el encuentro con la vida, fuera del propio cuerpo.

Generalmente, al comenzar el trabajo del parto son de nuevo decisivas y fundamentales las palabras del personal médico, de las matronas y de los ginecólogos, y luego, después del nacimiento, las de las puericultoras, los neonatólogos y los pediatras. Todos estos actores, aunque con diferente título, acompañan a la mujer en su propio futuro como madre. La sintonía en estas primeras relaciones es importante, útil para darle seguridad, y por esto atenúa la angustia que surge de la responsabilidad que cada madre tiene sobre la vida y la supervivencia del propio recién nacido. **Al igual que el ginecólogo durante el embarazo, pensamos que durante el nacimiento y en el período siguiente el personal sanitario, y en particular el pediatra, funciona en conjunto como un «gran espejo benévolo» en cuyo reflejo una mujer descubre y refuerza su modo de ser madre, reconociendo y también tolerando la fragilidad humana y la imperfección de su propio funcionamiento. Si eso ocurre con sintonía y respeto recíproco, entonces la relación con**

el personal sanitario sustenta y nutre en cada madre el empujón al sacrificio y a la devoción, aspectos necesarios y preciosos para el niño.

Ya en la experiencia del parto se puede contemplar el valor de las palabras de un importante pediatra y psicoanalista, Donald Winnicott, quien atribuye a la función materna «la capacidad del regalo»: regalo de amor, regalo de devoción.

¿Qué representa un regalo? La oferta al otro de algo sin que eso necesariamente comporte ninguna ventaja o recompensa. Generalmente, el regalo tiene una naturaleza completamente espontánea, se origina en el corazón: por esta razón, el objeto ofrecido en regalo, para ser reconocido como tal, no tiene que ser un descarte sino algo agradable, considerado precioso al menos para quien lo ofrece.

Y ¿qué hay más precioso que ofrecer la experiencia de sentirnos «faltantes», o bien sentir que nos falta alguien que queremos? **Así que donar también significa dar al otro lo que no se tiene.**[2] ¿Qué no tiene la mujer que está a punto de dar a luz? Le falta la posibilidad de retener dentro de sí al pequeño, luego ha de estar dispuesta a una renuncia, a una pérdida, y a vivir la experiencia de «no tener más». Por tanto, de una falta. Es justamente la confianza en la fuerza propulsiva del propio deseo de dar la vida la que acompaña y sostiene a la mujer a la hora de dejar marchar aquello tan precioso que ha contenido, nutrido y protegido dentro de sí durante muchos meses.

En consecuencia, estos acontecimientos, también para las mujeres que ya han tenido más experiencias de parto, se ro-

---

2. Aquí nos referimos a la lectura lacaniana sobre la relación amorosa condensada en la célebre definición de Amor como «dar al otro lo que no se tiene». Véase Lacan (1938, 2005; *idem*, 1969 -1970), 2000.

dean de momentos naturales de miedo, de ansiedades, ligados también al dolor y a la fatiga. En el fondo, se trata de ansiedad anticipatoria por aquel corte que el parto comporta. El corte del cordón umbilical no es pues una práctica banal, sino que representa, en el fondo, la dimensión más simbólica del acto del parto; es decir, supone una separación real, pero también simbólica. De una condición de unicidad se pasa a una binaria, es decir, de ser «un uno», a ser «dos». El uno originario se desdobla y tal transformación, representada por el corte, comporta una revolución subjetiva profunda y siempre traumática en la mujer. **Con el parto, la mamá pierde la propia función de contenedor físico y pasa a la de contenedor simbólico y afectivo que acoge, sustenta, custodia y cuida del pequeño, garantizándole la vida tanto desde el punto de vista físico como del psíquico.** Además, si la unidad imaginaria sólo incluía a la madre, el nacimiento inaugura la entrada en escena del padre, al que la mujer entrega el hijo.

El nacimiento conlleva el primer encuentro fuerte a nivel emotivo entre el niño y los propios padres. El verdadero recién nacido, de carne y hueso, obviamente es muy diferente de aquél imaginado en los meses anteriores: el niño fantaseado durante el embarazo está revestido por adelantado de aspectos afectivos ligados a las proyecciones narcisistas imaginarias de los padres: «será bonito», «estará sano», «se parecerá a la mamá o al papá», y así sucesivamente.[3]

---

3. El doctor Freud afirma a tal propósito que al amor parental «tan conmovedor y en el fondo tan infantil, se enriquece del narcisismo de los padres devuelto a una nueva vida, transformado en amor objetivo», es decir, para el hijo y no sólo para ellos mismos. Freud, S. (1914), 1970.

El recién nacido, al venir al mundo, encuentra un entorno nuevo pero ya predispuesto a acogerlo y a cuidar de sus necesidades. La mamá representa en este momento el «centro» de la existencia del hijo, no sólo como garante de su supervivencia física, sino sobre todo como promovedora de la vida y el crecimiento del pequeño como sujeto. Su mirada, su abrazo, el tono de su voz vehiculan su devoción y hablan de su deseo.

¡Eso no significa que el amor de una madre no pueda contener también aspectos agresivos y que su modo de contestar a las solicitudes del recién nacido tenga que ser perfecto! Se dice a menudo que una madre no tiene el deber de ser perfecta, sino de ser lo mejor que pueda ser y ocuparse de ofrecer todo lo que es y tiene.[4] Así se dirigió a mamás y a papás un gran pediatra italiano, Marcello Bernardi, subrayando además la importante función de sustento que el niño y la madre reciben de la presencia y de la mirada benévola y responsable del padre. «También estoy yo y tengo mi deseo» es una expresión que podríamos decir que concentra la indispensable y preciosa aportación paternal.

Sin embargo ¡el niño real pronto comporta inquietudes y frustraciones! El cachorro del ser humano, a diferencia de otros cachorros, necesita los cuidados responsables de otro porque nace incapaz de sobrevivir por sí mismo. La dependencia del otro para mantener su propia vida es una característica peculiar del ser humano. De aquí, pues, la inquietud ligada a la angustia parental de no ser capaz de garantizar su salud y supervivencia. A eso se une pronto el encuentro con todas aquellas dificultades que el nacimiento lleva apa-

---

4. Bernardi, M. *Ascoltare i bambini*, Fabbri, Milán, 2003, pág. 17.

rejado: recordemos que hay recién nacidos fáciles y otros más difíciles, es decir, principalmente exigentes. Ser madre y padre, de este modo, no es algo que se aprende, no es algo que pueda ser enseñado, pero sí es una dimensión del ser que se construye durante el camino a partir del primer encuentro y a lo largo del crecimiento.

Es necesario, por lo tanto, crear una nueva unión, un diálogo íntimo, en el cual conocer y hacerse conocer por el niño: **la lactancia, además de representar el obvio abastecimiento nutritivo para el niño, también es la ocasión temprana y particular de tejer un diálogo íntimo y fecundo, preverbal, entre la mamá y el niño**. Un cambio que se construye a partir de respuestas recíprocas que pasan ante todo por la mirada y el contacto corporal.

Las primeras tomas y la elección del tipo de lactancia

En nuestra experiencia asociativa (véanse Protocolos de prevención en Pollicino), las madres primerizas comienzan a vivir una preocupación respecto a la lactancia del niño que tienen en el vientre ya desde los últimos meses de embarazo. Hoy en día se fomenta fuertemente dar el pecho, de manera que la madre no siempre es capaz de optar libremente por las elecciones más ajustadas a su propia sensibilidad.

Desde el punto de vista estrictamente psicológico, la calidad de la lactancia no depende del hecho de que la leche sea natural o artificial, o de que al niño se le ofrezca el pecho o el biberón: lo que cuenta, y a menudo es decisivo a la hora de encauzar una buen lactancia, es la serenidad de la madre respecto a tal elección.

Sentirse libres de alimentar dando el pecho o de optar por el biberón es el mejor punto de partida para que el acto de la oferta alimenticia ocurra y se realice desde el principio de manera armónica. Con este objetivo, por tanto, es importante que la oferta de la leche no esté acompañada de ninguna constricción para la mamá. En efecto, en nuestra experiencia clínica hemos podido observar que la madre que se siente obligada fácilmente transmitirá emociones contradictorias durante el acto nutritivo. Por lo tanto, dar el pecho no puede ser impuesto, al contrario, es positivo que se ayude a cada mujer al volverse madre, a madurar una elección, no sólo a través de una correcta información nutricional y sanitaria, sino también basándose en su propio estilo de vida.

Por consiguiente, se trata de una decisión que implica aspectos emotivos y psíquicos profundos, y por lo tanto es positivo que pueda tomarse respetando la libre elección. La lactancia natural, dando el pecho, pone en juego la relación de la mujer con las percepciones del propio cuerpo, su relación con la imagen, su relación íntima con la comida y el cuidado del propio estilo de vida. Este último aspecto también está conectado estrechamente con el grado de aceptación de la estrecha dependencia que la lactancia natural comporta entre ella y su niño.

Ocurre frecuentemente que el tema de la lactancia lleva aparejadas dudas inherentes a la calidad y la cantidad de lo que produce el cuerpo. Por ejemplo, en el caso de la lactancia natural pueden ser: ¿será buena la leche?, ¿será suficiente? Por el contrario, en el caso de la lactancia artificial serán: ¿pueden surgir problemas de alergias o intolerancias? Por esta razón, de nuevo son importantes la mirada atenta y las palabras del pediatra para apagar tales inquietudes y promover de ese modo el comienzo de una buena experiencia de nutrimento, tanto para la mamá como para el pequeño.

Un recién nacido amamantado al seno o al biberón inaugura un juego de miradas y contactos físicos. La lactancia es el momento de un encuentro especial: el niño poco a poco reconoce el cuerpo de la madre y la madre reconoce en aquel cuerpecito a su propio niño, y esta reciprocidad afirma la unicidad del uno con el otro. Cada hijo, en efecto, es único y especial porque tal encuentro está definido por el particular contexto y el momento específico en que ha ocurrido. No sólo la leche nutre al pequeño, sino también otros aspectos que no llenan el estómago pero alimentan, en el corazón del recién nacido, el sentido agradable de la vida y el principio de un sentimiento importante: el amor por su mamá.

En nuestra opinión, la capacidad de querer no es innata, sino que surge día tras día justo en los encuentros que la lactancia comporta. Entonces, si no se trata sólo de la leche ¿de qué otros alimentos estamos hablando? Del calor del cuerpo de la mamá, del olor, de la música de las palabras que la madre le dirige al hijo y, poco a poco, también de los sonidos y de las expresiones que el pequeño envía y que van a tejer una particular unidad, a pesar de que se trate de dos personas. «El recién nacido es algo que no existe», sustentó con convicción Donald Winnicott refiriéndose a la evidencia que de que no puede definirse sino en relación a alguien más, es decir, a partir de una relación. La pareja es una unidad.

La leche como alimento asume de este modo un papel precioso más allá de su aporte nutricional a partir de la estrecha relación que ofertan el seno y el biberón con el deseo materno. **La comida como metáfora del amor** está en el corazón de todas las lecturas promovidas por la Asociación

Pollicino porque creemos que tal expresión se refiere con claridad a la naturaleza íntimamente afectiva de la lactancia. El diálogo silencioso entre mamá y recién nacido que ocurre durante estos momentos enriquece la lactancia con ese componente afectivo, que va a ser de este modo fundamental para la estructuración de la subjetividad del niño.

Tal enriquecimiento, implícito en el acto alimenticio, depende de la capacidad de la madre de reconocer y distinguir correctamente el plano de las necesidades fisiológicas, como el hambre y la sed, del de las solicitudes más afectivas. La capacidad de una madre de interpretar correctamente las señales que envía el llanto de su hijo marca, por ejemplo, la propia capacidad del pequeño de reconocer y diferenciar estos mismos ámbitos en su propio interior. Es entonces oportuno no confundir el ámbito de las necesidades con el registro de los deseos y las exigencias afectivas para poder proveer respuestas adecuadas a las señales del hijo.

Precisamente, la posibilidad de no reducir toda la vida del recién nacido a una mera división mecánica de las necesidades define la función materna como función de contención afectiva y simbólica. El plano de las necesidades, en efecto, se satisface contestándolas con un objeto de satisfacción: el agua es el objeto que satisface la sed. Por el contrario, las solicitudes afectivas, las exigencias que se originan en el deseo, no definen un objeto preciso que, por ejemplo, se pueda comprar. El amor y la devoción no están en los estantes de los distintos supermercados. ¿De qué manera entonces se pueden satisfacer tales solicitudes afectivas? **Desde nuestra experiencia, es la calidad de la oferta de la leche de la madre la que encarna y ofrece el testimonio de su amor.**

Ya desde edad muy temprana, el recién nacido también es capaz de enviar una solicitiud de amor y de reconocer la calidad de la respuesta recibida. El propio Freud, ya en 1938, subrayó que el recién nacido es capaz de entender si, junto con la leche, la mamá también entrega su amor.[5] No se trata del simple mimo ofrecido al niño mientras se alimenta, sino de la estructuración de un acuerdo psíquico-emotivo que, incluso originándose en el cuerpo a cuerpo entre los dos, se enriquece día tras día con un conocimiento recíproco, con un alimento recíproco que se teje a partir de la disponibilidad de la madre a hacerse intérprete y a responder al deseo del hijo, así como del conocimiento mutuo de los diversos estados de ánimo.

Parece imposible, pero sin embargo René Spitz, un importante neuropsiquiatra infantil, en sus estudios tras la Segunda Guerra Mundial indentificó una capacidad interpretativa precoz en el recién nacido.[6] El diálogo entre mamá e hijo, dada su calidad interactiva, promueve en el pequeño una contribución activa que inicia una especie de ciclo entre las respuestas de la mamá y las del niño.

El recién nacido, por tanto, no es un succionador pasivo, sino que lanza mensajes y percibe emociones a partir de la calidad de la presencia y la mirada de la mamá. Al ofrecer el pecho o el biberón, la mamá tiene la posibilidad de reconocer poco a poco tanto la satisfacción del niño, fruto de saciar su necesidad, como sus cambiantes estados de ánimo y sus posibles sensaciones y emociones. Gracias a los

---

5. Freud, S. *Compendio di psicoanalisi*, vol. XI, en *Opere*, Boringhieri, Turín, [1938], (1980).
6. Spitz, R.A. *Il primo anno di vita del bambino*, Giunti Barbera, Florencia, 1958.

cuidados y la comprensión que la lactancia inaugura desde las primeras horas de vida del recién nacido, su cuerpecito también se vuelve el lugar que contiene la individualidad del niño, distinta respecto a la de la madre.

La lactancia como comunicación

La lactancia surge en la vida del recién nacido y de la madre como una primera y embrionaria forma de comunicación entre ellos. Como ya se ha señalado, el recién nacido llora y a través de esto se hace sentir; la madre acoge dentro de sí este llanto y, al vivirlo como una solicitud que la concierne, obra un paso fundamental: **es la interpretación materna la que transforma el llanto en mensaje, es decir, en una solicitud dotada de sentido**. «No está gritando solamente, está preguntándome algo. Pero ¿qué está preguntándome?». Estos interrogantes acompañan la experiencia de los primeros meses de la vida del pequeño y constituyen el fértil enigma que empuja a la madre y al padre a interrogarse, para poder a su vez interrogar el llanto del hijo.

De nuevo, es importante que las palabras del pediatra ayuden a los nuevos padres a interpretar las señales lanzadas por el recién nacido. El saber específico del médico transmite confianza y consuelo. De este modo, él empieza a llenarse de cariño, de consideración, desde el inicio espera llenarse de respuestas competentes en las que las madres puedan leer una confirmación a sus dudas.[7] Es decir, cree-

---

7. Nuestra experiencia como consulta psicológica con muchas madres primerizas nos ha llevado a hipotetizar que el pediatra contemporáneo pueda ser objeto de un fenómeno real de «transferencia».

mos que el o la pediatra está en la posición simbólica perfecta para poder incidir de forma relevante en la calidad de la relación madre-niño y, en particular, en la suerte que tendrán la lactancia y el destete. En efecto, es a él al que cada mamá se dirige para tener la confirmación de la idoneidad del propio modo de cuidar, y él siempre representa para la madre una especie de espejo capaz de confirmar el justo y adecuado funcionamiento materno. Podríamos preguntarnos por qué, junto al sueño y la caca, la comida adquiere tal relevancia especular para la madre. Si el hijo no duerme, no evacúa o no come, la mamá puede vivir tales acontecimientos como un ataque hacia a ella, como la confirmación de su inadecuación e incluso como la confirmación de la hipótesis de que el pequeño la rechaza. La incomodidad, tan presente a menudo en los lugares frecuentados por las madres primerizas (jardines de infancia, clínicas, etc.) se produce precisamente por los efectos de la comparación con las otras mamás en los tres aspectos antes señalados.

En momentos como estos, la confianza de una mujer respecto a sus propias capacidades maternas puede vacilar. Es a propósito de esto cuando podemos preguntarnos si, sobre todo hoy, el corporativismo entre las mujeres se ha debilitado: ¿será ésta una posible consecuencia del empuje hacia el individualismo, tan característico de las sociedades hipermodernas?

Volviendo a la lactancia, otra elección fundamental que se debe hacer tiene que ver con el ritmo de las tomas: ¿deben realizarse a horarios fijos o a demanda? Obviamente, tal elección tiene que tener en cuenta las consideraciones fisiológicas del recién nacido, pero también la posición de estas madres. La lactancia a demanda implica para las mamás una escucha atenta al llanto del propio niño y la dosificación de la misma oferta sirviéndose de las respuestas del niño. En efecto, precisamente porque la lactancia representa la primera forma de comunicación entre la madre y el hijo de forma natural, creemos que el método a demanda es la forma más cercana a la naturaleza dialógica de la lactancia.

Sin embargo, cuando la lactancia a demanda comporta fatiga, confusión o angustia para la madre, entonces es adecuado que tales dificultades sean comprendidas y respetadas, promoviendo también soluciones alternativas como, por ejemplo, la introducción de horarios que permitan a la madre vivir la lactancia de la mejor manera posible, teniendo también en cuenta las exigencias familiares y laborales.

Además, es indispensable que la escucha de la madre a las solicitudes del recién nacido sea diferencial, es decir, capaz de distinguir las diversas exigencias que el llanto puede evocar. Lo ideal es que tal escucha encuentre respuestas en función de la sensibilidad de la madre o de criterios externos a ella y de la conciencia del niño.

Confiar en las propias intuiciones es un acto indispensable para los padres que no excluye su contrastación con criterios objetivos leídos en los manuales o escuchados en televisión. Eso permite al padre y a la madre poder emitir un juicio crítico de lo que aprenden, que no prescinda de la particularidad subjetiva del hijo. En ocasiones, encontramos en el consultorio a padres confusos o madres desorientadas por un conjunto de nociones, consejos y sugerencias contradictorias e improductivas, porque carecen de una unión con un punto de orientación preciso: la particularidad del hijo, que no coincide necesariamente con la universalidad del saber teórico a propósito de los lactantes.

Un padre consciente y que confía en su propias intuiciones modela cuanto lee y escucha de acuerdo con las

exigencias y características peculiares del propio niño, logrando dar respuestas adecuadas. Hoy también es posible referirse a la clínica neonatal de la prematurez, la cual pone de manifiesto que el niño plenamente satisfecho en el plano de las necesidades puede padecer la falta de un regalo indispensable para su crecimiento, es decir, el sentirse deseado y saberse único y especial por parte de mamá y papá. En el fondo, el plano de la necesidad atañe al cuerpo y al objeto; el plano del deseo no, éste concierne a la relación con el otro.

Pero ¿qué quiere y qué representa el deseo? **El deseo siempre es deseo de ser deseado por el otro. ¡Es deseo del deseo!** Éste es justo el aspecto que posibilita la comunicación íntima y dialógica propia entre madre e hijo desde la lactancia.

Donald Winnicott dijo que la mirada materna representa para el niño el primer espejo en el cual halla algo de la misma imagen. **La lactancia inaugura para el pequeño la búsqueda de su sentido particular en el otro: es el descubrimiento del propio ser a través el otro.** Pensemos por ejemplo en la importante y atenta búsqueda de los padres, durante el embarazo, de un nombre adecuado para el hijo. ¿Adecuado para qué? Adecuado para nombrar el objeto particular y único del propio amor. En síntesis, podríamos decir que en el encuentro con la vida siempre están en juego dos niveles: uno circunscrito a la necesidad: «tengo hambre», luego «dame de comer», y en esto una madre puede ser más o menos rápida para satisfacer a esta necesidad; en cambio el otro es el nivel de la pregunta a través de la cual «no pido sólo la comida, sino también el amor, pido ser el objeto que tú deseas». Éste es indudablemente el nivel más complicado de reconocer y al que contestar.

Hay niños que durante la lactancia, una vez saciados, no dejan el seno: en aquel momento ocurre algo fundamental y peculiar del ser humano. **Una necesidad se ha saturado, el niño tiene la barriga llena, pero el deseo está vacío; el niño queda pegado al seno como si dijera «dame algo además de la comida», «dame tu presencia, tenme todavía entre tus brazos»**. Lo que en esa espera pregunta silenciosamente el lactante es: «manente presente, no es importante que tú contestes a mi necesidad, pero es importante para mí sentirte presente». No se trata necesariamente de caprichos y de vicios, sino de una pregunta de nutrimento distinto, necesaria para el pequeño para abrirse con confianza a la vida. Si el amor es la demanda que alguien le dirige a otro de estar presente, el objeto de la demanda de amor es el deseo: el deseo de que el propio deseo sea deseado por el otro.

Niños prematuros y lactancia

Respecto al valor afectivo y simbólico de los primeros días de vida y el principio de la lactancia, creemos que también la premadurez merece algunas menciones, dado que es un fenómeno en aumento y representa una experiencia de vida muy peculiar que evidencia de manera clara la dimensión binaria y fundamental del hambre: el hambre que pide comida y el que pide amor.

Según la definición de la Organización Mundial de la Salud, están considerados prematuros los niños nacidos antes de la semana 37 de embarazo. Tal anticipación es por lo tanto muy variable y puede llevar a consecuencias diferentes según de la edad gestacional del niño en el nacimiento, a su peso y al nivel de crecimiento que ha madurado (habitualmente calculado en porcentajes). Generalmente, el niño prematuro encuentra mayores dificultades que los otros niños, sobre todo en los primeros días o en las primeras semanas de vida, porque su cuerpo no es todavía capaz de efectuar todas las funciones que la vida cotidiana necesita para vivir sencillamente en contacto con su mamá. Por tales razones, en los partos prematuros, el primer abrazo entre la mamá y el niño a menudo es mediado por la presencia indispensable de instrumentos médicos, indispensables para garantizar las condiciones requeridas por el entorno. A menudo el pequeño es acogido en la incubadora o en un camita previamente calentada que permite al equipo médico ofrecerle un entorno parecido al de su vida intrauterina precozmente concluida. A veces se ubica dentro de la incubadora el llamado «nido», realizado con sábanas blandas para aumentar este sentido de contención similar al del vientre materno.

La alimentación oral, además, se inicia muy gradualmente y a menudo es integrada con aportaciones nutricionales exteriores (por ejemplo, con la sonda gástrica), útiles para garantizar el alimento indispensable durante el tiempo necesario en el que el cuerpecito todavía es inmaduro, y encontrar así un buen nivel de coordinación entre la deglución y la respiración. Los instrumentos de monitorización de las funciones vitales o el sondaje a veces son necesario para continuar la alimentación parenteral del niño, y éstos contribuyen a aumentar la natural aprensión parental en lo relativo a estos nacimientos y sus primeros días de vida.

El segundo de los casos posibles es que se proponga a la madre el uso de un portabebé (o bolsita marsupial), la cual le permita acomodar al niño en contacto directo con su piel. Otras veces también es posible que la mamá, ayudada por el personal médico, pueda darle un baño nocturno al hijo, y reconstruir así, poco a poco, las costumbres y la confianza propias de los cuidados. Es natural que en esta fase, y en cuanto se vuelve a casa, los padres alberguen dudas sobre su capacidad para lidiar en la cotidianidad con este niño tan pequeño.

El encuentro madre-niño en la experiencia prematura es acompañado necesariamente por emociones muy fuertes que tienen su origen en la particular fragilidad inherente al recién nacido. Los bebés prematuros son más frágiles que los demás, en consecuencia —y de manera tan obvia—, se puede ofuscar la alegría de este encuentro y engendrarse, en las madres y padres, sentimientos de culpa o inadecuación muy fuertes, tales como la dificultad de constituir esa unión fecunda y decisiva entre los padres y el recién nacido. Es entonces que la mirada atenta, las palabras adecuadas de los neonatólogos y del personal del departamento de unidad de cuidados intensivos neonatal adquieren un valor simbólico y dan un sostén precioso a los padres.[8] Enseñar y traducir con competencia a los padres las pequeñas conquistas que el hijo prematuro adquiere día tras día conforta concretamente al padre, en tanto que le demuestra la fuerza y vitalidad de aquel pequeño ser, proporcionando a un «soplo» de energía al ánimo y al deseo de mamá y papá.

El principio de la lactancia, de este modo, es siempre un poco menos íntimo, porque ocurre dentro de un contexto institucional, clínico. Sin embargo, justo la presencia y el acompañamiento que las distintas figuras le prodigan a la

---

8. Negri, R. *Il neonato in terapia intensiva. Un modello neuro psicoanalítico di prevenzione*, Raffaello Cortina, Milán, 2012.

madre y al niño pueden contribuir a serenar el encuentro y la comunicación entre los dos, disminuyendo el alcance de aquellas inquietudes y angustias propias de la premadurez y que pueden cortocircuitar fácilmente la dimensión comunicativa propia de la lactancia. En efecto, la clínica neonatal enseña con claridad el valor indispensable de la contención afectiva y simbólica propia de la lactancia.

Alegrías y dolores de la lactancia

La lactancia natural también puede comportar el encuentro con un dolor físico que es necesario no descuidar, ya sea en términos «higiénicos» y de salud o porque la experiencia del dolor de la madre puede interferir con la calidad del cambio que la lactancia implica. El dolor puede concernir la aparición de las grietas, la particular sensibilidad del pezón, pero también un fuerte agarre de las encías del pequeño.

Acerca de esto, es útil mencionar la frecuente experiencia del **mordisco del lactante**. El progresivo descubrimiento que encuentra el niño, generalmente en el primer año de vida, es que la mamá, manantial de bienestar y amor, no es toda para él y no está siempre a su disposición, lo cual hace emerger una serie de fenómenos interiores fuertes y contradictorios. Antes o después el bebé, al tomar conciencia de la no unidad, fundido con la mamá pero separado de su cuerpo, encuentra la experiencia dolorosa de la frustración, relativa a los retrasos o a la ausencia de las respuestas maternas. Fácilmente, tal constatación es acompañada de reacciones ambivalentes respecto a la mamá: es una carga de agresividad equivalente a la del amor, que se expresa con tonos fuertes justo cuando la mamá reaparece. En tales circunstancias, no es raro que el niño, quien se acerca al pecho desde este estado de ánimo ambivalente, pueda morderlo. **Se trata de la expresión más característica de la agresividad vinculada al principio de la elaboración de la pérdida de la unidad originaria y el proceso de separación.**

Además del mordisco, puede ocurrir que el pequeño exprese su protesta y su fatiga rechazando la comida o manifestando inapetencia. Según nuestra experiencia, creemos que en tal comportamiento del lactante puedan estar presentes tanto una protesta como la exigencia misma de ser reconocido como un sujeto separado, diferente y con exigencias propias y específicas. La definición de una forma fisiológica de anorexia del lactante no concierne necesariamente a la patología, sino que es la señal de un giro dentro de la unión mamá-niño.

Es entonces importante conocer esa posible reacción del lactante para lograr adecuar las respuestas y no contestar insistiendo con la comida-leche. El riesgo es el de establecer un circuito «tóxico» en el que, cuanto más insiste la mamá, más se resiste el pequeño. Conseguir tolerar y humanizar las expresiones agresivas del propio hijo puede ser sin duda más fácil para la mamá si ésta es ayudada por la presencia del padre. En efecto, no sólo el niño tiene que elaborar la dificultad de esta primera separación del contacto corpóreo, sino también la madre. Ausentarse, por ejemplo, para volver a trabajar, compromete psíquica y emotivamente a ambos sujetos.

Generalmente, la madre está más implicada y aprensiva que el padre sobre el tema de la nutrición. ¿Por qué? Según nuestro parecer, a pesar de las diferencias subjetivas, cada mujer ya teje la experiencia del propio ser madre durante el embarazo, proveyendo en su interior al nutrimento del feto.

La placenta, el cordón umbilical, marcan la unión íntima entre mamá e hijo y una connotación nutritiva. Si funcionan bien, es decir, si nutren, el crecimiento del feto y el nacimiento del hijo están garantizados.

Por tanto, es más fácil que entre la mamá, la comida y el niño se establezca una unión «visceral», porque así ha sido desde el principio. Mientras que, generalmente, los padres enseñan una posición más destacada respecto al acto nutritivo y a la comida. Y a veces es justo lo que sirve cuando, durante la lactancia y la alimentación en general, aparecen ansiedad y tensiones.

Tal proceso de separación inaugura en el pequeño los miedos fundamentales y las dudas. ¿Qué conciernen esas dudas y miedos? Que la distancia y la ausencia puedan ser definitivas, que haya otra cosa más importante que él... «Dime qué sitio tengo en tu deseo, dime si me echas de menos, dime si piensas en mí, dime si puedes perderme» son esperas que acompañan en la infancia el miedo de ser abandonados, de perder el objeto de amor. La mamá, lugar originario y primer objeto de amor, se ausenta, y su falta suscita cargas agresivas que el niño imagina, en sus fantasías, que puedan también destruir a la mamá. Las fantasías con que los niños pequeños ordenan las mismas emociones respecto a la realidad interior y exterior toman un valor poderoso y «trágico» a causa de la fuerte emotividad típica del niño pequeño. Por ejemplo, si los sentimientos de rabia por la ausencia de la madre son capaces de destruirla, entonces esos mismos sentimientos pueden retorcerse fácilmente contra el niño, culpable de su agresividad.

Creemos que **en las familias en que la agresividad del niño no es tolerada o vivida de manera persecutoria sea más difícil superar la conflictividad entre las diferentes y**

contradictorias corrientes afectivas, y hay el riesgo de engendrar una primera fractura en la relación del niño con la comida. La lactancia entonces puede volverse el momento privilegiado de la puesta en escena del rechazo o de la fatiga del pequeño por aceptar toda la carga de emociones, miedos y dudas que acompañan la primera conciencia de la necesaria separación y la renuncia a la posesión omnipotente y exclusiva del objeto de amor.

Volviendo al ejemplo del mordisco del lactante, obviamente la madre percibe el dolor que el mordisco provoca y contesta. La agresividad del recién nacido, sin embargo, ha de ser contenida y saneada —es decir, humanizada— por parte de la madre. A veces no es tan fácil y algunas mamás pueden vivir como una ofensa o una agresión el mordisco y los llantos. Tales respuestas entrañan el riesgo de dejar al niño desprovisto del soporte fundamental que deriva de la disponibilidad para calmarle y sustentarlo como del difícil proceso de salida de la ilusión de su propia omnipotencia.

El rechazo alimentario del lactante

Hemos subrayado que el momento de la lactancia encierra en sí un cambio relacional: ofrecer y recibir la comida también significa reconocer y aceptar recíprocamente la naturaleza de la unión entre las personas. Alimentarse contiene una dimensión relacional por la que se puede reconocer o negar al otro.

El gesto del recién nacido de girar el rostro, es decir, de rechazar la oferta de la leche, genera en la madre una vivencia de ruptura. Efectivamente, es posible que tal gesto lleve consigo una oposición, una no aceptación de la relación que, en cambio, se establece aceptando nutrirse. Por esta razón la madre vive el rechazo de la comida de parte del propio hijo como un acto hostil hacia ella, un modo que el niño utiliza para no aceptar el amor que ella le ofrece.

Si el llanto y las exigencias del niño no son interpretadas correctamente, y no se distingue el llanto del pequeño debido al hambre del que expresa el deseo de la madre se corre el riesgo de contestar a sus solicitudes siempre de la misma forma: con la comida, confundiendo así el plan de las necesidades con el del deseo y las exigencias afectivas.

Durante la toma, el niño experimenta el empujón fundamental para poner dentro de sí lo «bueno» que la madre le ofrece. Y a la inversa: en el reflujo y en el acto de escupir, el niño experimenta el impulso de expulsar, de echar fuera de sí algo malo, no asimilable por el pequeño en aquel momento. No se trata de un mecanismo sólo fisiológico, sino también de una experiencia psicológica primitiva. También precozmente, es decir, ya en los cuatro-seis meses, el lactante puede manifestar un malestar alimentario real, rechazando la leche de igual modo que más adelante se opondrá rígidamente al destete.

La anorexia desarrollada por el niño en este caso podría asumir el sentido de una pregunta planteada a la madre para averiguar si él es de veras importante para ella, o para cuestionar el amor que demuestra hacia él y redimirse de ser solamente un objeto que ha de ser alimentado y cuidado. Las molestias alimenticias en la infancia subrayan la inconsistencia de la comida en comparación al amor del otro, enseñan cómo algo material, por ejemplo la comida, nunca podrá llenar realmente un vacío, que no es el vacío del estómago, sino un vacío que sólo puede llenarse mediante el amor de otra persona.

Tratándose de niños pequeños y también de los reflejos que el rechazo alimentario puede comportar respecto al crecimiento y a la salud, el diagnóstico de un trastorno del comportamiento alimentario en la infancia no puede prescindir de un primer examen diagnóstico del pediatra para excluir eventuales causas médicas del rechazo de la comida o de la inapetencia prolongada. Cuando la oposición o el rechazo persisten más tiempo y son caracterizados por una mayor determinación y obstinación es necesario que padre y madre se enfrenten con un psicólogo. **En una lectura psicoanalítica, el rechazo de la comida por parte del niño siempre tiene que entenderse como un timbre de alarma que hay que descifrar, en cuanto expresa y nos dice algo de sus miedos, de su malestar.**

La anorexia infantil va al corazón de la pregunta amorosa. El lactante que cierra la boca prohíbe el acceso a lo que viene del otro, señalando de este modo que no es el hambre el motivo de su llanto sino otra causa. El niño se alimenta del deseo del otro, de una mirada que lo haga sentir acogido como un sujeto único y deseable por el otro. En la así llamada anorexia del lactante entra en juego el emerger gradual de una primera forma de subjetividad: se habla de una anorexia fisiológica en la cual, a través del rechazo de la comida, el niño puede hacer emerger mensajes pidiendo al otro que reconozca que no es completamente pasivo, pero comienza a expresar una forma primitiva de respuesta subjetiva. El destino de estas primeras expresiones está claramente relacionado con la capacidad y la disponibilidad de la madre de interpretar correctamente tales mensajes y, por lo tanto, con la calidad de las respuestas.

Nuestra experiencia clínica nos lleva a afirmar que el rechazo prolongado y obstinado de la comida en la primera infancia, se debe generalmente a la así llamada «anorexia fantasma» o pseudoanorexia. Se trata de un cuadro de trastorno alimentario infantil debido a la concepción errada que los padres tienen de las necesidades nutritivas reales del niño y a la constante preocupación de que el hijo no se alimente lo suficiente. El niño está bien, pero en la mente y en la preocupación de los padres crece la idea de que el propio hijo sea anoréxico. Es, pues, una forma de anorexia más atada a la idea de que el padre tiene lo que el niño debería comer, ya sea cualitativa o cuantitativamente. A las presiones de los padres que tienen miedo de que el niño no coma lo suficiente, el pequeño puede contestar con un rechazo, es decir, una anorexia de oposición, caracterizada por el rechazo a la comida, a veces también a través del vómito, para oponerse a su insistencia. Es muy importante que ante todo los padres sean tranquilizados mediante una visita pediátrica que verifique las condiciones reales físicas y el crecimiento del hijo, y puedan en un segundo tiempo enfrentarse con un psicólogo para evitar el agravamiento de la situación. A veces pueden bastar pocos encuentros con los padres para que, tras comprender las dinámicas latentes, dejen la angustia y la insistencia en proponerle comer y el niño renuncie a su defensa.

Las formas de rechazo alimentario del lactante más difusas son simples: se trata de conductas de rechazo aisladas que aparecen relacionadas en particular a una actitud ansiosa e insistente de la madre respecto al rechazo previo del hijo. La calidad de las respuestas de la madre a esta primera inapetencia determina las siguientes respuestas del pequeño. Debe recordarse que el rechazo a alimentarse puede concernir a veces o una enfermedad del niño (resfriado, estados catarrales...) o a un brusco cambio de la atmósfera familiar (crisis de pareja, sentido de profunda soledad de la madre, problemas familiares...). En efecto, frecuentemente ocurre que la distención de la relación entre la madre y el niño solucione rápidamente el problema.

En síntesis, es posible afirmar que los trastornos alimentarios infantiles reflejen la inconsistencia de la comida respecto a la demanda de amor del niño, es decir, que nos enseñen que la comida se vuelve insignificante si se ofrece en lugar de la señal de amor. Nada material, como es la comida, podrá llenar realmente un vacío que no está sólo en la tripa, sino que es un vacío que puede puede llenarse únicamente mediante el amor de otra persona.

Tú no eres yo, yo no soy tú
(6 meses – 3 años)

«Según la indicación de la pediatra, esta semana he comenzado a destetar a Michele, que tiene siete meses. Siempre ha mamado a demanda, ahora, en cambio, tenemos que regular mejor los horarios de las tomas para estar seguros que tenga bastante hambre y así poder comer toda la papilla a la hora del almuerzo. Inicialmente ha aceptado de buen grado la manzana rallada y ayer, literalmente, ha devorado la primera papilla del almuerzo: ¡regurgitaba y abría la boca a tal velocidad que he temido que se le pudiera ir todo por el otro lado!

Luego, en el curso del día, sobre todo cuando lo tengo en brazos, a veces se empuja hacia el pecho y si se lo niego llora atormentado. En aquellos momentos me ataca la ansiedad, querría poderlo consolar y dejarle tomar el pecho como hacía antes, pero sé que así las cosas serían aún más difíciles. Me han dicho que pronto se acostumbrará y se olvidará del pecho, pero me parece que lo hago sufrir si no se lo entrego... Lo siento mucho, y es así como me sube la ansiedad, me pongo aún más nerviosa y aumentan las dudas. ¿Es normal que se desespere así? ¿Qué debo hacer?».

Una madre

El destete como fase evolutiva

Ésta es una de las numerosas peticiones dirigidas a la asociación cada semana a propósito del destete. La carta de esta mamá, en su sencillez, evoca de manera emblemática las cuestiones que el destete comporta. En efecto, en pocas frases, se suceden las palabras más recurrentes de las cartas y los discursos de las mamás empeñadas en el destete, representando el valor emotivo que el destete puede adquirir para la mamá y el niño. La carta empieza con la referencia al «deber» de encontrar una regla, aspecto que, en las palabras de esta mamá, también asume un tono de autocastigo. Hoy es muy frecuente la exigencia materna de «ponerse y poner unas reglas».

En las palabras de esta mamá además están presentes la conciencia de tener que asumir la responsabilidad de obligar a una «renuncia» al propio hijo, negándole la toma fuera horario, y la necesidad de tolerar y tener fe a una regla que le obliga a ella misma a renunciar a la oferta del pecho como instrumento que satisface y soluciona el llanto del niño. La ansiedad y la tristeza describen la atmósfera que atraviesa este momento de su vida y constituyen el motivo que lleva a esta mamá en dificultades a pedir ayuda, lanzando la propia petición personal, igual que muchas madres de hoy que intentan destetar: «¿puede decirme alguien qué debo hacer?». En este capítulo probaremos a dar algunas respuestas.

El destete representa la primera separación del lactante de la mamá y señala la etapa fundamental del desarrollo psicológico de la primera infancia. Comporta procesos, adquisiciones y transformaciones que no se suceden necesariamente con una progresión temporal recalcada con regularidad y válida para todo, si bien, y dentro de una amplia variabilidad que siempre atañe a la historia particular de aquel niño y aquella mamá, los cambios más importantes típicos del destete ocurren en un orden lógico, caracterizado por la progresión de pequeñas conquistas por parte de ambos. En efecto, es posible resumir las grandes transformaciones del destete en dos aspectos diferentes.

El primero concierne al inicio de la separación simbólica entre madre y niño, el otro corresponde a la introducción de una tercera figura en la relación madre-niño. Ambos aspectos se articulan entre ellos y el resultado de uno depende del otro. Además de su específica tejedura dependerán las muchas adquisiciones del comportamiento alimentario típicas de esta edad. Nos referimos a la progresiva disminución de las tomas, a la aceptación de sentarse frontalmente en el sillón y al empleo de la cucharita, a la disponibilidad a probar sabores y manjares nuevos, a la adecuación a una mayor diversificación y organización de las ocasiones alimenticias (desayuno, almuerzo, merienda y cena) y finalmente, a la conquista de la autonomía del acto alimenticio. Tales adquisiciones no son sencillamente «aprendidas» por el niño a través de una costumbre banal, sino que son el fruto de un recorrido interior del niño dentro del propio contexto relacional. En este largo camino, los pequeños pueden entonces manifestar lentitud o momentos de detención que representan el modo en que el niño atraviesa y contesta a la necesaria separación afectiva propia de esta edad y al principio de la relación con el tercer elemento: el padre.

El proceso de separación psicológica del niño de la madre se inaugura entre el cuarto y el octavo mes de vida, edad en que progresivamente adquiere la conciencia de tener un propio estatuto diferente del de la madre: es decir, el pequeño sale de la ilusión propia del estado fusional,

la de ser todo uno con la mamá.[1] La madre ya no coincide con el mundo del niño y éste puede comenzar a experimentar, de este modo, todo lo que le circunda: sonidos, objetos, pero también las otras figuras de referencia. Obviamente, a la curiosidad por lo que es nuevo los niños alternan fases de inquietud y miedo que, generalmente, se agrupan en las experiencias de vida alrededor del octavo mes.

A este connatural empujón a experimentar y a ir hacia lo que le circunda, se acompañan el miedo y un cierta melancolía fisiológica por la anterior unión fusional. La superación de esta vivencia y su abertura hacia lo nuevo por grados siempre mayores de autonomía subjetiva, así como el enfoque de la misma identidad constituyen los dos ingredientes fundamentales del entero desarrollo psicológico infantil y encuentran, en efecto, una resolución completa en la crisis de la edad juvenil. Pues **el destete condensa significados muy importantes para el desarrollo y representa la primera forma embrionaria de los pasos que subyacen a la maduración psicológica.**

Al principio del destete sucede una separación que es representada emblemáticamente por el paso desde el abrazo de la lactancia hasta la sentada frontal sobre el sillón: del

---

1. Sobre tal argumento es útil citar los estudios de Margaret Mahler, que indican que en las adquisiciones fisiológicas que hacen que los movimientos del niño sean más autónomos, propias del desarrollo neuromotor de su segundo semestre de vida, se posibilita que él interiorice poco a poco una representación de la propia imagen corpórea autónoma (proceso de individuación) y, por lo tanto, pueda hacer experiencia del separarse del propio cuerpo de la madre (diferenciación). Esta nueva y progresiva autorregulación de los movimientos intencionales del cuerpo vuelve al niño más autónomo de la presencia concreta del otro y permite al pequeño descubrir el mundo externo e interesarse en él.

placer de ser acogido y contenido en recibir y chupar el pecho y el pezón, el niño pasa a una nueva posición. Como hemos explicado en el capítulo anterior, en la fase de la lactancia el lactante, mientras se alimenta, «es todo uno» con el abrazo de la mamá, o también del papá, si es el padre quien ofrece el biberón, lo protege, lo contiene y lo mira, entretejiendo así un diálogo íntimo y exclusivo, mientras que ahora, con el inicio del destete, el niño accede a un nueva y distinta «posición subjetiva».

¿Qué significa? Si se piensa en el paso hacia el sillón: la sentada frontal es, en el fondo, aquella típica del estar junto a la mesa, y le propone al niño un modo de nutrirse más ritual, menos íntimo, que inaugura la entrada del pequeñito en la convivencia. Además, a través de la oferta de la cucharita el niño es invitado a asumir una modalidad más activa en recibir la comida: inicialmente «agarra» con su boca y luego también con las manos la cucharita que se le ofrece, adquiriendo a la vez una mayor autonomía hacia la mamá que lo nutre y hacia el acto alimenticio en sí, que se vuelve cada vez más un acto voluntario y deliberado. Las vocalizaciones y las miradas que el niño intercambia con el otro enriquecen y explicitan el diálogo entre quien ofrece (la mamá) y quién recibe, modificando la dimensión comunicativa ya presente desde el principio de la lactancia. Se trata por tanto, no de una simple separación, cuanto de un pasaje trasformativo capaz de condensar y representar los muchos aspectos incluidos en la primera fase del proceso de separación psicológica, que inducen a la mamá y al niño a renunciar al placer de la fusión de la lactancia y también a acoger lo nuevo, bien esté representado por las papillas o por las otras modalidades con que las que ahora se nutre el niño.

En nuestra práctica hemos podido hallar que **generalmente los niños afrontan serenamente esta experiencia cuando no se sienten obligados a una separación drástica, o bien ahogados por demasiadas atenciones o invadidos por las preocupaciones de la pareja parental**. Además, cuando el niño ha vivido plenamente la fase de la lactancia puede demostrarse listo y disponible para esta gran transformación y curioso por la novedad. Si desde la primera oferta de la «papilla» advierte que sus propias exigencias son respetadas y, al mismo tiempo, logra sacar un nuevo placer de la nueva situación, entonces podrá tolerar la renuncia al seno y superar la desconfianza fisiológica hacia las comidas nuevas y la diferente posición en la mesa. En general, si la lactancia ha constituido una experiencia positiva, tanto para la madre como para el niño, y si el destete no encuentra límites e imposiciones procedentes del exterior, la progresiva disminución de las tomas y la gradual introducción de comidas más sólidas no implica dificultades particulares.

Madres que se destetan

También para la madre el destete constituye un paso intenso a nivel emocional y simbólicamente fecundo y, en consecuencia, como sucede con cada cambio significativo, puede engendrar inquietud. Generalmente, la preocupación principal tiene que ver con la necesidad de mantener un control para salvaguardar el crecimiento fisiológico del propio niño. Una vez más, al igual que tras el nacimiento, en las madres vuelve a hacerse oír la responsabilidad sobre la vida del niño, propia de los cuidados del delicado cuerpecito del pequeño.

A éste también se suma la laboriosa gestión y armonización de aquellas inseguras e iniciales formas de autonomía que el niño poco a poco adquiere y experimenta. Por ejemplo, algunos niños son propensos a no pedir ayuda, son muy curiosos y se sienten atraídos por la cucharita; a lo mejor se lanzan sobre este nuevo e interesante objeto, lo agarran, sin tener todavía la coordinación suficiente para garantizar «el aterrizaje» de la cucharita en su boca. En estos casos, la madre a menudo está dividida entre la necesidad de dejar hacer, animando así a la autonomía, y la necesidad de embocarlo, por ejemplo para controlar la justa dosis de alimento que ingiere el niño. ¡También hay que decir que no todas las mamás están dispuestas a tolerar que el niño se ensucie y «ensucie» el entorno, ella incluida!

El destete representa para la madre una doble llamada a asumir nuevas responsabilidades: de un lado, sustentar el empujón hacia la autonomía del hijo; del otro, proteger al pequeño del impacto con la novedad y vigilarlo. Y a veces tales responsabilidades pueden ponerla en crisis. En efecto, las dudas y las preguntas de las madres sobre el destete son numerosas y el destinatario privilegiado vuelve de nuevo a ser el pediatra. La función del pediatra en esta fase es muy importante porque, además de proveer informaciones específicas y valorar si el niño está listo para pasar a las comidas sólidas, también es el que nota las señales de malestar del niño y, ayudado de la madre y el padre, puede interpretar mejor su significado. ¿Cómo? Ante todo distinguiendo los aspectos fisiológicos y ligados al cuerpo del niño de los mensajes que el pequeño manda al otro a través del propio comportamiento alimentario. Por ejemplo, al inicio del destete la preocupación que las madres le dirigen al pediatra concierne aquellos comportamientos extravagantes de los niños que no corresponden a las expectativas del destete. La frase «mi hijo no come nada», frecuente en las visitas de control durante el destete, resume todo el alcance de las preocupaciones parentales y sobre todo las incertidumbres maternas. A menudo, en efecto, a través de una más profunda investigación se comprende que el niño obra una fuerte selección alimenticia, aceptando de buen grado sólo algunas categorías de comidas y no otras. En estos casos el pediatra puede distinguir si la selectividad del niño concierne a una problemática médica (alergias, intolerancias, celiaquía) o bien a una dificultad de la mamá para tolerar que el hijo pueda expresar desconfianza respecto a gustos nuevos y a comenzar a manifestar predilecciones alimenticias.

En el fondo, el pediatra es el mejor aliado de la función materna y puede reforzar la capacidad de vigilar y custodiar la salud del niño, además de sustentar la capacidad materna de reconocer la particularidad subjetiva del propio hijo.

A veces, las madres pueden vivir estas dos diferentes e importantes funciones como si estuviesen en contradicción y conflicto, hasta el punto de provocarles un cortocircuito. A menudo, por ejemplo, esta contradicción interior se expresa en la madre por la fantasía (o una muy real angustia) de que el pequeño se pueda ahogar. A la oferta de una comida nueva, generalmente de consistencia líquida, a veces las madres son atravesadas por algunas dudas específicas: «¿está deglutiendo?», «¿se le ha ido por el otro lado?», «¿logrará tragarlo?», «¿qué hago?». Estas dudas pueden nacer, ya sea de la oferta de alimentos de distinta consistencia (como por ejemplo el pan) o por aspectos más íntimamente conectados a los estados de ánimo de la madre. En general, durante el destete, la fantasía que las madres alimentan de que su hijo se asfixie con la comida contiene aspectos emotivos y psicológicos ligados a los cambios que el destete comporta. Tal fantasía, por ejemplo, puede señalar la dificultad de la madre para acceder a una posición materna distinta, más centrada en la separación y en la diferenciación sin suspender la importante función de protección. Entonces, es la autonomía misma de la madre del hijo la que emerge en este miedo y eso implica claramente un problema diferente: ¡muchas madres saben bien que querer, dejando marchar al otro, no es una tarea sencilla! ¿Y que hace generalmente una mamá cuándo teme que el niño se esté atragantando con la comida que le ha ofrecido? Llama al padre.

La función del padre en el destete

Hemos visto cómo el destete corresponde al inicio de la separación madre-niño, aspecto que se articula y entrelaza con la entrada en escena del padre. ¿Qué significa? **El comienzo del destete pone en claro el papel, función y calidad de la presencia paterna, que a partir de este momento cobrará gran importancia en el recorrido evolutivo del hijo.**

Metafóricamente hablando, el niño toma poco a poco distancia del abrazo materno, adquiere más autonomía respecto a ella, dirige su mirada al mundo circundante y aquí encuentra la mirada y la presencia del padre. En la alimentación, sobre todo para los niños amamantados al pecho, éste es un tránsito inclusivo, que permite una mayor participación del papá en la gestión de las comidas, mientras que antes era una presencia de fondo.

A tal propósito es importante señalar que en las familias modernas el padre se implica mucho más que antaño en los cuidados iniciales del hijo y, por lo tanto, también en nutrirlo. Es por esto que en las charlas a menudo nos ocurre que escuchamos preguntas de los padres acerca de su idoneidad para cuidar, preguntas que antes eran dirigidas exclusivamente por las madres. **Al estar más implicados, obviamente los padres también pueden hacerse una propia opinión y asumir una posición crítica que pone en discusión las modalidades de cuidados de la madre.** A veces este aspecto en vez de reforzar el funcionamiento parental desencadena conflictos que suscitan un tipo de antagonismo entre la figura materna y la paterna. Obviamente, eso puede confundir al niño, sobre todo si vehicula mensajes explícitos o implícitos del tipo: «pero cómo, ¿prefieres a papá que a mí?», o bien «¡pero deja, mamá, ven conmigo!». Es importante subrayar que cuando los padres, en su contribución al cuidado de los hijos enjuician la manera de obrar de las madres, pueden confundir el diálogo entre la madre y el niño y, en vez de funcionar como agente de la separación, las intervenciones paternales pueden inducir que las madres se cierren en la exclusividad de la propia relación con el hijo y minen la estabilidad de la relación de pareja.

Siempre ocurre que quitar a una madre su propio papel confunde y desorienta al niño, y al mismo tiempo contribuye a hacer vacilar el sentido de idoneidad materna justo en el momento más delicado del destete. En esta fase el padre asume un valor sumamente simbólico y sus palabras tienen un peso significativo; por esta razón los juicios o las críticas abiertas pueden inducir a la madre a protegerse y a alejar al papá. En general, la operatividad de la posición paternal representa la condición necesaria para la separación, pero para que eso se realice el padre tiene que tener sensibilidad y equilibrio, que puede encontrar en la articulación del propio deseo, ya sea hacia la mujer o hacia el hijo. **El padre tiene autoridad pero no es autoritario cuando es capaz de unir deseo y ley (reglas, límites, orden).**

Un padre, por tanto, capaz de acompañar al niño o a la pareja, sustentándolos en el proceso de separación con la particular garantía que su presencia atenta y cariñosa expresa. Cuando madre y padre logran armonizar las mismas lecturas sobre el niño en el respeto de sus diferentes sensibilidades, entonces la función paternal es parecida a la de un semáforo que establece un orden a las distintas instancias, un principio de prioridad y también de límites.

Para el pequeño siempre es la madre quien presenta y hace entrar en escena al padre en la relación con él. Es la madre quien, atribuyendo valor a la presencia del padre, puede contribuir a introducir y sustentar cerca del hijo la autoridad de la palabra paternal y ofrecer al mismo tiempo un testimonio directo al hijo de que el propio deseo no se agota en la relación con él, pero va más allá de la maternidad y se dirige al hombre que es el padre.

En el capítulo anterior hemos explicado cómo ser madre, tanto en la sucesión de significados y vivencias desde el embarazo hasta el parto, comporta la articulación de dos modalidades contrarias y opuestas: retener y conceder. Primero el embarazo y el parto, y luego el destete, agudizan esta contradicción innata en el funcionamiento materno y pueden amplificarla. En efecto, como hemos subrayado más veces, el deseo de cada madre hacia el propio hijo está atravesado por dos fuerzas: una, que podríamos definir perspectiva, atañe a la facultad de cada madre de poner al hijo en el centro de la propia vida, y por lo tanto reconocerle un estatuto subjetivo único y particular para ella; la otra, que podríamos llamar resistente, concierne a la tendencia para retener dentro de sí al hijo y ser una sola cosa con él.

Esta segunda fuerza, en la base de la función de contención materna, en algunas circunstancias puede desencadenar dinámicas inconscientes entre la madre y el niño, que entran a formar parte del recorrido de autonomía y diferenciación, haciéndolo muy complicado.

El impulso de retener al niño puede producir inconscientemente un tipo de chantaje hacia la autonomía del pequeño, o bien vehicular una pregunta involuntaria de resarcimiento capaz de ahogar o inhibir el proceso de separación e individuación. Estas dificultades de la unión están implícitamente presentes en los casos de anorexia y engendran una inquietud específica: el niño puede sentirse imposibilitado a salir de la órbita materna, como si estuviera a punto de ser «tragado» por ella. Es justo la experiencia de curación de los trastornos alimentarios en edad evolutiva la que nos ha inducido, en estos años de trabajo de clínica, a dar un gran valor a la acogida de los estados de ánimo de la madre involucrada en el destete.

Ya sea la conflictividad parental o el estado de ánimo de las madres, cuando son acogidos y tratados en su significado más íntimo, pueden contribuir en cambio a potenciar el valor único del amor parental y a desactivar los posibles cortocircuitos del proceso de separación madre-niño. **En efecto, una madre, para poder promover serenamente el destete tiene que poder perder al menos un poco de la exclusividad en la unión con el niño y confiar una parte de ello al padre.** También es bueno que pueda tolerar no tener el control total sobre la vida y sobre el cuerpo del propio niño, y aceptar que el pequeño tenga momentos de rebelión hacia ella misma, o que se entusiasme por lo nuevo que la unión con el padre comporta. En esta fase, en particular, la fatiga de la madre tiene que ver con la aceptación de los cambios del cuerpo del niño, debidos no sólo al crecimiento sino también a la autonomía aumentada en los movimientos: nos referimos a la mayor frecuencia con que el pequeño ensucia y se ensucia, echa al suelo y rompe los objetos. También en estos aspectos tan concretos el padre puede ser un válido soporte para la mamá o para el niño.

Por todas estas razones, sobre todo a partir de la fase del destete, la calidad de la relación de la pareja parental incide notablemente en el recorrido evolutivo del hijo. La entrada de la presencia paterna, además de alentar, pone orden mandando una advertencia y también una lista a la misma compañera: «¡tu hijo también es mi hijo!» y «¡también estoy yo! Acuérdate de mí». De esta manera, la invitación a tener un recuerdo de la relación de amor que ha dado lugar al nacimiento del niño, así como a la calidad de la armonía sexual, permite existir, y a veces emerger, a la mujer en la familia. **¡Es el padre quien puede recordarle a la madre que todavía es una mujer!** ¡Su posición respecto a la pareja madre-niño permite por lo tanto a este último constatar que él, el hijo, no está gobernado sólo por ella, la madre, y que ella no es sólo para él! Justo cuando el pequeño percibe que la mamá también es del papá y tiene el poder de apartarla de él, el padre resulta extremadamente interesante al niño en tanto que se pregunta: «¿cómo puede papá capturar la atención y el deseo de mamá?». Este interrogante acompaña y promueve la salida del niño de la simbiosis materna, poniendo las bases de las siguientes conquistas.

La espera y la frustración, el principio de la masticación

El destete, por su naturaleza, comporta una regulación del comportamiento alimentario; ante todo es necesario recalcar el horario de la cita con la cucharita y dividir los momentos nutritivos, diferenciando la oferta alimenticia entre comidas principales y meriendas. Estos aspectos de la cotidianidad contribuyen a hacer consciente al pequeño de la imposibilidad de satisfacer constantemente sus solicitudes: el niño, por tanto, inicia la experiencia de la frustración.

Es en todo caso es útil recordar que ya en la fase de la lactancia las madres no pueden satisfacer siempre y enseguida las solicitudes del niño. Hasta en la lactancia a demanda, que es la modalidad de nutrimento más completa para el niño, ocurre a veces que a la demanda del niño la mamá pueda estar ausente, o que el pecho no esté disponible de inmediato. **Pues, la espera con respecto a la satisfacción de la necesidad es por fuerza una experiencia que el ser humano encuentra y generalmente tal encuentro es bastante precoz. La frustración es parte constitutiva de la vida del ser humano y, aunque dolorosa, es tan necesaria al desarrollo psicológico como la satisfacción.**

De hecho, en el curso del primer año de vida, justo por la experiencia de la espera de la presencia de la mamá y la satisfacción de las exigencias, el niño puede empezar a concebir que el mundo no es gobernado completamente por él. Obviamente, la frustración debe ser dosificada y medida, destilada con cautela, y no tiene que convertirse nunca en privación. La eficacia evolutiva de la frustración, en efecto, depende de la garantía de la satisfacción: cuando el lactante experimenta, sobre todo en los primeros meses de vida, que a su llanto la mamá llega, se ilusiona con que el mundo esté hecho a su medida y esté gobernado por él y su llanto.

Por tanto, la ilusión de la propia omnipotencia, típica de la unión con la madre de los primeros seis meses de vida, no es un vicio que se tenga que evitar, más bien es un estado necesario del niño para poderse constituir como sujeto, tener confianza en el mundo y poder tolerar luego mejor la frustración. Si en la satisfacción el recién nacido llora y la mamá llega sistemáticamente, en la frustración no ocurre enseguida, por lo tanto, gracias a esta suspensión entre llamada y satisfacción el pequeñito puede comenzar a constatar que el mundo no está completamente bajo su control, porque existe una porción de mundo que prescinde de él y de su llamada.

Estas primeras experiencias le permitirán al niño diferenciar el propio mundo interior, el de sus pensamientos y de sus estados, del mundo externo y de la realidad. Inicialmente, el lactante que se da cuenta de que la mamá no está siempre a su disposición se enfada y llora, y cuando aparece no es raro que manifieste una posición afectiva contradictoria, llena de alivio por su llegada y de rabia por la espera. Ocurre entonces que agarra famélicamente el pecho y luego muerde el pezón que lo nutre. El significado de esta experiencia, obviamente dolorosa para la madre, concierne justo la respuesta emotiva del lactante, quien es empujado por su carga de agresividad a atacar lo que más quiere y, sin embargo, lo hace padecer, justo porque no siempre está a su completa disposición. El mordisco del lactante expresa bien la dinámica primitiva implícita al principio de la masticación: nos referimos a la evidencia de la estrecha y ambivalente relación que morder y mascar mantienen con la agresividad y el amor.[2]

El lactante es obligado a esperar como cualquiera otro. Eso significa que la espera de la satisfacción abre el campo a la imaginación: el niño comienza a comprender el poder mágico del propio pensamiento, que es por lo tanto capaz de imaginar la llegada de la mamá, experimentando tempranamente la facultad del pensamiento de tratar de contener los estados de ánimo desagradables. En el curso de la segunda mitad del primer año de vida, el niño, al fantasear, podrá atribuir a un objeto que puede controlar el valor sustitutivo de la presencia materna. Éste es el significado extraordinario que Winnicott codificó en sus estudios del objeto transicional (chupete, peluche, mantita...), en los cuales evidencia cómo la espera que determina la frustración representa el motor pulsante del proceso de autonomía subjetiva y, por lo tanto, del crecimiento. Además, la frustración permite poco a poco asumir dentro de sí el hecho de que el placer de su satisfacción no depende de él, sino de la presencia de otro, que dispensa amor y satisface sus necesidades fundamentales: la mamá «hada», es decir, el otro que aparece y desaparece y tiene la facultad de dispensar muchas formas de placer, del cuerpo y del corazón. El niño, por tanto, se sirve en la constitución de su subjetividad del encuentro con la frustración porque también contribuye a diferenciar el plan de la necesidad (el

---

2. Ya en época neonatal la frustración es capaz de suscitar respuestas muy variables que dependen de la índole del niño. El recurso al mordisco del seno que mostrábamos en el capítulo anterior puede ser la expresión más manifiesta de la ambivalencia afectiva del lactante, a la cual no recurren todos necesariamente.

hambre, la sed...) y el deseo de vecindad, amor y tranquilidad.

Este aspecto, contrariamente al hambre, puede encontrar en el primer año de vida una forma de satisfacción más autónoma que la presencia material de la madre, justamente gracias al empleo del pensamiento y al objeto transicional. La frustración es pues la respuesta natural del niño a las reglas que el destete vehicula en su vida. **Por esto, generalmente durante tal fase, el niño vive momentos de sana rebelión: tendrá nostalgia de esa primera época de la vida en que estaba satisfecho sin dificultades y se enfadará un poco, tendrá sentimientos de agresividad**. Este peculiar entrelazamiento de emociones representa el conjunto de las motivaciones más interiores al niño, que le empujan a morder cuando tenga dientes y también a querer empuñar la cucharita sólo para luego lanzarla lejos.

El adulto, por tanto, además de alimentar y de mandar a buen término la comida, tiene también que ajustar cuentas con estos aspectos indóciles que el niño en fase de destete presenta. Es indudablemente muy difícil aceptar los movimientos agresivos del propio crío, tolerar y sanear sus sentimientos negativos, animándolo y sustentándolo, mientras las papillas amablemente preparadas ensucian el mantel, las camisetas o son volcadas al suelo. ¡Soportar todo este «desastre» no es tan natural ni obvio!

La posición materna durante el destete es decididamente compleja y fatigosa, por lo que esta función no siempre está privada de dolor o nostalgia. Las diversas expresiones de la agresividad presente en la vida del niño en esta fase también pueden comportar respuestas maternas que desarrollan en el pequeño un estado de ánimo particular, parecido a un temprano sentimiento de culpa. Muy esquemáticamente: el niño se enfada, manifestando toda su fatiga en favorecer las tareas propias del destete, y también reivindicando con irascibilidad la vuelta a la lactancia.

Si estas manifestaciones no son acogidas e incluidas y no reciben una buena contención de los impulsos agresivos, entonces el pequeño puede empezar a temer el haber perjudicado la relación con su querida mamá. El niño puede temer que la misma agresividad pueda llegar a destruir al «hada» de la infancia, y esto aguza la dolorosa fantasía de poderla perder. Como hemos visto repetido más veces, tal fantasía infantil está en la base del miedo al abandono que acompaña el mundo interior durante la infancia.

El placer en la boca

Como en la lactancia, en el destete también participan tanto el niño como la madre: sus cuerpos y sus corazones están igualmente comprometidos. En la típica alternancia entre separaciones y aproximaciones que engendran igualmente alternancia entre el entusiasmo por las experiencias nuevas y la melancolía por el estado anterior, generalmente el niño comienza a manifestar reacciones y respuestas diferentes, no fáciles de comprender para la mamá. Mientras el pequeño renuncia al pecho, la mamá se enfrenta con aspectos emotivos y novedosos del niño que implican la renuncia de la madre a la imagen dócil del propio bebé.

En particular, **en esta fase del crecimiento pueden emerger actitudes de intolerancia que conciernen la fatiga del pequeño para contener y regular el placer consiguiente del chupar, el placer oral**. ¿Qué es este placer exquisitamente humano y qué comporta su renuncia? Para poderlo explicar es necesario hacer referencia a los estudios sobre el impulso oral de Sigmund Freud, el fundador del psicoanálisis. Según Freud, a partir de la condición fisiológica de necesidad del recién nacido, cuya supervivencia depende de la presencia de los cuidados de otro que lo sacia y le da de beber, la cavidad oral asume múltiples significados que en los recién nacidos derivan del enredo entre percepciones físicas y aspectos psicológicos. Como hemos ilustrado en el capítulo anterior, con el principio de la lactancia el niño advierte el alivio respecto a la sensación desagradable de la aridez de la cavidad oral o del hambre, pues a través de esta experiencia encuentra a otro dispuesto a satisfacer las necesidades, a reducir el estado de malestar y a cuidar amablemente de él.

En el curso del primer año de vida, el niño puede probar a reproducir el encuentro con este placer a través del acto del chupar en el vacío. En efecto, ya en época neonatal algunos niños investigan activamente el propio pulgar para chuparlo sin que éste en ningún modo esté unido al hambre. Freud dijo que ya en el primer año de vida el niño chupa «con delicia y en el vacío» es decir, por el simple placer de hacerlo. Se trata de una actividad espontánea e injustificada, sin otro objetivo más que el simple placer de chupar.[3] Justo durante el destete y cuando las tomas se reducen, esta actividad deliberada puede aumentar (o empezar) y acompañar al niño en el recorrido que lo llevará a prescindir de las tomas y a obrar la primera separación de la mamá.

---

3. Freud, S. *Compendio di psicoanalisi*, vol. XI, en *Opere*, Boringhieri, Turín, [1938], 1980.

En particular, sobre todo a la hora de la nana, el pequeño puede resultar particularmente intolerante, por ejemplo, tiene dificultad para dormirse, manifestando el mismo problema para tolerar la separación nocturna de la mamá. La noche es el momento en que la familia se reúne o el momento conclusivo del día, y por ello la separación puede resultar más problemática porque se refiere a los celos y a los miedos específicos de la infancia. Justo cuando mamá y papá están juntos, el niño tiene que prescindir de la presencia cariñosa de la mamá para poderse conceder el sueño: ¡es un gran esfuerzo! En esto, la actividad de chupar en el vacío puede ayudarlo, ofrecerle un soporte. **El recurso al chupete o al dedo en la boca, al generar este placer, puede contribuir a producir un sentido de continuidad en cuanto que evita y calma el miedo del abandono.** Al chupar, el niño recuerda la experiencia del encuentro de fusión de la lactancia porque él mismo se siente justo como el dedo que retiene en boca, acogido, envuelto y contenido.

Este chupar puede representar una experiencia que adelanta el valor de la relación con el objeto transicional, es decir, aquel objeto especial de la infancia que es evocado tradicionalmente con la imagen de la frazada de Linus.[4] Primero chupar el dedo o el chupete, luego abrazar al osito querido o frotar la cara con la mantita ayuda a amortiguar el impacto con el sentido de soledad que la llegada de la noche evoca. Estos objetos, en efecto, tienen un poder «mágico» sobre las fatigas emocionales de los niños, pero es indispensable

---

4. Winnicott, D.W. *Dalla pediatria alla psicoanalisi*, Martinelli & C., Florencia, 1975.

no exagerar porque el recurso al chupete sólo proporciona todo su valor a condición que no sea ofrecido como solución ante cualquier solicitud del niño. Pues aunque recurrir al placer del chupar en el vacío puede ayudar al niño... ¡sin embargo no basta! Cuando en la vida del niño chupar representa el principal tratamiento a las dificultades emocionales y a la respuesta homogénea a sus solicitudes, entonces tal placer puede convertirse fácilmente en un modo para llenar una ausencia, es decir, compensar la falta de algo que necesita.

En el fondo, en el momento de la separación nocturna al niño le proporciona una forma de consuelo que, ofreciéndole una continuidad entre la vida diurna y la nocturna, eche aquel miedo fundamental de la infancia, que es el miedo del abandono, y calme sus espontáneos celos por quien, contrariamente a él, puede gozar de la vecindad de su mamá. En primer lugar el papá, pero también los hermanitos. El chupete o el dedo en la boca reviven y proveen un placer subrogado que progresivamente funciona como un autoconsuelo, pero sólo a condición de que otro se haga cargo de sus miedos. Recordemos que el consuelo no pasa únicamente por la boca y la tripita, sino a través de la presencia del otro y su devoción, y entonces puede servirse y enriquecerse de otras modalidades sustitutivas: la nana, pero también una cantinela o canción, por ejemplo, son útiles porque la voz y las palabras acompañan al niño en el sueño, garantizándole la presencia del otro. Tales rituales representan un puente simbólico entre el estar despierto y el sueño que alivia y endulza los efectos de la separación.

Acerca de esto es bueno recordar que el empleo del chupete es muy diferente del recurso al biberón y no debe ser confundido con éste. Este último es utilizado, en efecto, para nutrir y dar de beber, y no provee el simple placer de chupar pero llena la barriguita. Sobre todo alrededor del octavo mes, pero también en el curso del segundo año de vida, el progreso del crecimiento y la autonomía del niño acompañan a los miedos que pueden molestar su sueño. **Por este motivo, el empleo sistemático del biberón como calmante, dentro del ritual del dormirse y luego todavía en el curso de los despertares nocturnos, puede confundir el plan de la necesidad del niño, es decir, el hambre o la sed, con su deseo de tranquilidad y consuelo**. Tal confusión de significados y efectos puede entonces contribuir a complicar el mismo destete.

En general, el recurso sistemático a un empleo instrumental de la comida y del acto nutritivo amenaza con confundir los planes y contribuir a aumentar las dudas del niño. Sobre todo en la delicada fase del destete, la interpretación sistemática de los despertares y los llantos del niño como directa expresión del hambre no ayuda ni al niño ni a los padres a entretejer aquel diálogo útil y constructivo que permite al pequeño diferenciar sus propios estados y asumir la conciencia de sus instancias interiores. En cambio, se tienen que favorecer modalidades más simbólicas, como las nanas o la oferta de un muñeco, al que mamá y papá reconocen un estatuto especial y único para el niño. **Se trata, en el fondo, de inventar una manera que pueda transmitirle al propio hijo, de forma decidida e inconfundible, la comprensión y el deseo hacia a él; después de todo, éste es el calmante infantil por antonomasia**.

Los trastornos alimentarios en la fase del destete

Está bien recordar una vez más que la fase del destete no corresponde necesariamente a un recorrido rectilíneo, antes al contrario, comporta breves períodos de detención que se manifiestan por una transitoria inapetencia o un rechazo parcial de la comida. Estas alteraciones del comportamiento del niño pueden concernir el impacto emotivo y la particular dinámica en curso en la relación del niño con sus propios objetos de amor, la mamá y el papá. El principio del destete y su mantenimiento conciernen por tanto a los aspectos psicológicos específicos de la maternidad.

Pero cuando la lactancia ha sido particularmente satisfactoria y serena para ambos, la mamá puede pensar que el hijo está menos preparado para destetarse. Cuando por el contrario se haya molestado porque la mamá no se ha sentido adecuada o vive el destete como una constricción que advierte como demasiado precoz, puede fatigar el recibir la confirmación de la disponibilidad del propio hijo al destete. Cuando aquel íntimo diálogo que se estructura entre la mamá y su niño dentro de la lactancia es perturbado, o bien cuando la mamá es deslegitimada en el propio papel o se siente obligada a un destete para el que no está lista todavía, entonces en esa fase del destete puede recibir, custodiar y sanear los comportamientos de agresividad del pequeño que se desteta. El comportamiento alimentario del niño puede alterarse transitoriamente y manifestar así un tipo de llamada para que el otro, la mamá y el papá, lo sostengan, como ha ocurrido en el ejemplo que aquí describimos.

Un ejemplo: Leonardo

Leonardo es un niño de un año y medio que en el último mes ha perdido el apetito, parece desinteresado respecto a la comida y ha reducido notablemente la cantidad de alimento ingerido. La mamá, María, está muy preocupada, y en el curso del primer coloquio cuenta que en realidad Leonardo demuestra interés e implicación sólo por algunos alimentos, preferiblemente fuera de las comidas, cuando la trona está lejos de él.

Las comidas preferidas son el pan y los bastoncitos de pan, sin embargo, el niño acepta de buen grado y a veces pregunta por el biberón con leche y cereales. Aunque hasta un mes antes Leonardo haya manifestado una serena adecuación a las distintas etapas del destete, ahora parece haberse puesto de repente selectivo. A veces acepta el bocado con los fideos y lo agradece, pero después de las primeras cucharadas se para. O bien parece que se distraiga, pero si la mamá insiste, escupe. «A veces me parece que Leo simule el favorecer mis solicitudes, o que quiera ponerme contenta o quizás parece que quiera tomarme el pelo como si yo pudiera no ver que luego escupe».

Este significativo testimonio también nos permite evidenciar el peculiar binomio existente entre el rechazo alimentario por parte del niño y las respuestas emotivas de la madre: María siente que su hijo le toma el pelo porque, en el fondo, el escupitajo y el rechazo de las papillas de Leonardo le hacen enfadarse, quizás porque decepcionan la expectativa materna de tener un niño dócil. El pequeño Leo crece y manifiesta primero estar de acuerdo con la oferta del biberón artificial, y luego en las distintas fases del destete muestra una docilidad que alienta a María, pero luego, en cambio, justo cuando este paso se ha completado, inicia una protesta alimenticia que contradice en el fondo aquellas confirmaciones que funcionaron para María hasta aquel momento.[5]

La elección de añadir el biberón artificial, aparentemente segura para María, la deja en el fondo descontenta y aumenta el legítimo y comprensible deseo de ofrecer algo a su niño. Paradójicamente, justo la nostalgia de lo que circuló entre ella y Leonardo en los primeros meses felices de la lactancia la lleva a adelantar los tiempos, promoviendo quizás un destete para el que no estaban listos ni María ni Leo. Se puede decir que hay una gran añoranza en esta mamá que no ha logrado llevar a cabo plenamente la lactancia natural porque está demasiado preocupada de no ser suficientemente capaz de nutrir al hijo. Es importante que una madre sea capaz de reconocer este tiempo y ser suficientemente capaz de respetarlo y permitirlo.

Algunos niños, por ejemplo, manifiestan estar listos para encaminarse en el destete a través de gestos repetitivos, que empiezan con un juego con la mamá, a lo mejor echando los muñecos al suelo, invitando a la mamá a recogerlos o bien jugando a escupir el pezón o la tetina.

En el trastorno alimentario de Leo sorprende la singular selectividad de este niño, que prefiere volver a chupar el biberón o bien... ¡morder los bastoncitos de pan! Esta dicotomía de las solicitudes puede ser atribuible a la alternancia contradictoria en el pequeño entre las vivencias nostálgicas que lo llevan a pedir ser amamantado todavía un poco más

---

5. Hace referencia a la posibilidad —explicada en el primer capítulo— de que el «niño imaginario» todavía esté muy presente en las vivencias de la madre, en perjuicio del proceso de elaboración del «niño real».

y las vivencias agresivas que lo inducen en cambio a agradecer las ocasiones para picotear y morder. Este niño, en efecto, no está en una posición de rígido rechazo alimentario, pero vehicula con su peculiar selectividad una solicitud particular que, como hemos evidenciado, concierne exigencias evolutivas y de reconocimiento. Este análisis nos permite afirmar que los trastornos alimentarios en la fase del destete indican de manera fiel el estado de la relación respecto a la llamada a la separación. Por su valor extremadamente relacional es importante que una madre sea suficientemente capaz de tolerar las respuestas agresivas o depresivas del niño y de humanizar la experiencia de malestar, de incomodidad que el niño manifiesta por la comida. El rechazo sólo se calma cuando la mamá le ofrece un bastoncito de pan, un trozo de pan o *in extremis* el biberón. El momento de la comida se ha convertido en una lucha y la mamá está hoy dividida entre la idea de favorecer a Leo y la de dejarle con hambre.

Fuera de las comidas, Leonardo es un niño sereno, no frecuenta la guardería infantil y transcurre sus días con la presencia alternada de mamá y papá. La lactancia de Leonardo ha encontrado una fase difícil desde el cuarto mes: el niño fue muy caprichoso y lloró frecuentemente, con lo que María a menudo recurría al pecho al no lograr marcar los ritmos de las tomas. A pesar de la insistencia del pediatra, los recurrentes mordiscos de Leo al seno han convencido a María de que la cantidad de leche no fuera suficiente para llenar las exigencias del hijo. Leo creció bien, pero la ansiedad empujó María a introducir progresivamente el biberón con leche artificial. Respecto al destete, iniciado a los seis meses, María cuenta haber acelerado quizás un poco los tiempos de Leo; en el fondo fue sobre todo ella al no ver la hora de pasar a la cuchara: «Al menos [cuenta] pude ser yo quien preparaba las papillas, dosificaba los sabores e inventaba recetas, en lugar de limitarme a servir el polvo de la leche artificial en el biberón: así pude volver a darle algo de mí y no un polvo que se compra». María se esfuerza en permitir que Leonardo experimente autonomía con la cucharita, porque en el fondo todavía cree que su hijo es demasiado pequeño. De hecho, dice que Leo, con su impetuosidad y escasa coordinación, puede hacer líos y comer todavía menos.

La historia de María evidencia la fatiga de la madre para sustentar el proceso de adquisición de las más simples autonomías del niño. En la historia de la lactancia de Leonardo se evidencia una inseguridad de la posición materna, en particular respecto a su responsabilidad de garantizar una nutrición adecuada al crecimiento. De aquí se originan las dudas y su necesidad de pasar a la lactancia artificial para controlar mejor. Ocurre del mismo modo durante el destete y la introducción de las papillas. María interpreta el mordisco en el seno como expresión directa del hambre del niño y no como la respuesta del niño a la frustración. Tal interpretación contribuye a marcar la certeza de no tener bastante leche para el niño y, por consiguiente, lleva a María a no escuchar las confirmaciones del pediatra, reforzando su miedo a que el niño pueda pedir algo más, algo que ella no puede ofrecerle. En el fondo, el comportamiento de María tiene que ver con la imposibilidad de la madre de contestar y sanear la agresividad del niño, aspecto típico de la segunda parte de la lactancia que se acompaña a la elaboración de la espera y la frustración.

La respuesta de María ha sido apresurada y unilateral: ha creído que el hambre fuese la interpretación que prevalecía en las peticiones que expresaba Leonardo. Es como si hubiera atribuido a la barriga de Leonardo el manantial de las solicitudes y no a él. Este testimonio nos permite recalcar una vez más que **los trastornos y las molestias alimenticias no reflejan una falta de amor, pero atañen a un particular ingrediente del amor**. La respuesta de María al enigma de la crisis del niño, en efecto, es cariñosa y atenta, pero no le ha permitido darse el tiempo para comprender, para aceptar y contener la agresividad del hijo, viviendo el mordisco como la prueba de su insuficiencia.

La agresividad de Leo, fruto de la omnipotencia neonatal, ha encontrado la aprensión de la madre que, a través de los biberones, lo ha llenado pero no lo ha acogido y no ha contestado a sus instancias más profundas. Respecto a este aspecto es importante subrayar que **la inseguridad de las vivencias maternas puede llevar a dispensar una forma de cuidados alimentarios demasiado insistente, en los cuales la prisa se confunde con el atragantamiento y esto amenaza con obstruir la boca del niño y provocar un cortocircuito entre la necesidad y el amor**.

Este testimonio significativo nos permite también evidenciar el particular binomio existente entre el rechazo del alimento por parte del niño y la respuesta emotiva de la madre: María se siente presa alrededor del hijo porque, en el fondo, la saliva y el rechazo de las papillas de Leonardo la hacen enfadar, tal vez porque decepcionan la expectativa materna de tener un hijo dócil. El pequeño Leo al manifestar apaciguamiento, primero a la oferta del biberón y después a las diferentes formas del desarrollo, transmite una docilidad que tranquiliza a María, pero cuando esta fase ha terminado se inicia una protesta alimentaria que contradice en el fondo a aquello que había tranquilizado a María y había funcionado hasta entonces. La elección de añadir el biberón artificial, aparentemente seguro para María, en el fondo la deja infeliz y aumenta su comprensible y legítimo deseo de ofrecer cualquier cosa suya al pequeño. Paradójicamente, sólo la nostalgia que circulaba entre ella y Leonardo de los primeros meses felices de lactancia la lleva después a anticipar los tiempos, promoviendo una separación que para ella y Leonardo era temprana. Así, se puede decir que esta mamá no se las arregló para llevar con éxito la plena lactancia materna porque estaba excesivamente preocupada de no alimentar lo suficientemente a su hijo. Es importante que una madre esté capacitada para reconocer los tiempos y sea suficientemente capaz de respetarlos y permitirlos. Algunos niños, por ejemplo, manifiestan que es demasiado pronto para iniciar la separación a través de gestos repetitivos, que dan pie a un juego con la madre, tal vez tirando los juguetes al suelo, invitando a la mamá a recogerlos, o jugando a escupir el pezón o la tetina.

En el malestar alimentario de Leo se muestra la singular selectividad de este pequeño ¡que prefiere volver a succionar el biberón a roer los palitos de pan! Esta dicotomía de petición puede ser reconducible a la alternancia contradictoria, en el pequeño, entre la nostalgia que lo empuja a demandar ser aún un poco amamantado y las vivencias agresivas que lo inducen a ser agresivo a veces para picar y morder. Este pequeño no está en una posición de rígido rechazo alimentario pero vehicula con su selectiva singularidad una demanda particular que, como habíamos evidenciado, se refiere a los requisitos evolutivos y de reconocimiento. Este análisis nos permite afirmar que los trastornos alimentarios en la fase de destete nos indican de manera fiel el estado de las relaciones respecto a la llamada de separación. Precisamente, a causa de su valor extremamente relacional, es importante que una madre sea suficientemente capaz de tolerar las respuestas agresivas o depresivas del niño y de humanizar la experiencia de malestar, que el niño expresa a través de la comida.

Con eso entendemos la capacidad de una madre de interpretar el malestar del hijo no de modo persecutorio («me rechaza») sino correspondiendo a la pregunta implícita que la alteración del comportamiento alimentario vehicula, atribuyendo un significado a tales conductas y, por lo tanto, ofreciendo al pequeño una respuesta capaz de obrar una contención afectiva y simbólica. Pero también significa dar importancia a que una madre se interrogue para entender las eventuales implicaciones en la actitud de oposición del hijo. **Una madre suficientemente buena es una madre que no sólo sabe proponerse como lugar de contención afectiva y simbólica de toda la expresión pulsional, afectiva y psicológica del hijo, sino que también es suficientemente capaz de interpretarlo en relación a sí misma y al propio modo de relacionarse con el niño.**

En nuestra experiencia clínica no hay rechazo alimentario de los niños que no se acompañe de una forma también blanda de rabia o tristeza en la madre y viceversa. Cuanto menos come el niño, más se siente rechazada o culpabilizada la madre, más se cierra sobre sí misma, se enfada o se siente más insegura, y menos está dispuesto el niño a comer. Velozmente, este circuito transforma la cucharita en un muro entre ellos.

Otras veces la alteración del comportamiento alimentario del niño durante esta fase se sitúa dentro de un cortocircuito en los padres como pareja, que puede averiguarse, por ejemplo, cuando en la entrada en escena del padre a la que conduce el destete se corresponde, sin embargo, un deseo paternal débil o todavía con dificultad de asumir el propio rol, no sólo de padre. Pero puede ocurrir en estos casos que el niño utilice transitoriamente una fuerte selectividad alimenticia ligada al padre. A través del rechazo o de la rareza de su comportamiento el niño se dirige al padre para que entre a regular la insistencia o la incertidumbre de la posición materna, o para que aparte, tranquilizándolo con su presencia, la ansiedad, la rabia y la preocupación de la madre, las cuales le atemorizan y desorientan.

La mesa y la protesta de los dos años

Se sabe que alrededor del segundo año de edad los niños atraviesan una fase de profunda oposición hacia la madre que es parte integrante del proceso de separación madre-niño.

Si en el curso del primer año de vida el niño descubre el gesto del no con la cabeza y a veces lo nombra, sólo posteriormente puede llevarlo a cabo y adquirir la conciencia del valor del no dentro de las relaciones. Generalmente, esto ocurre cuando está en una condición de menor dependencia del otro, por ejemplo, en cuanto ha adquirido la capacidad de expresarse con palabras y camina solo. En este período florecen actitudes de oposición, que a veces comportan el rechazo obstinado a las propuestas y a los límites que pone la madre. Tales actitudes parecen querer inaugurar un conflicto real, y a veces pueden expresarse sobre todo con crisis de cólera hacia la mamá.

Justo por la centralidad del valor relacional del comportamiento alimentario desplegado en el capítulo anterior, la oposición infantil se desencadena fácilmente a la hora de la comida y encuentra en la mesa familiar su máxima representación. El niño, por ejemplo, puede «ponerse en huelga» a la llamada a la mesa y dejar que la mamá grite, sin interrumpir su juego. Otras veces puede contravenir deliberadamente las reglas establecidas de la mesa, a lo mejor insistiendo para ocupar el sitio del hermano mayor, o jugando con los cubiertos hasta lanzar la comida por todas partes. También puede decir no a la oferta de algunos alimentos, mostrándose muy caprichoso o manifestando una marcada selectividad: «¡esto no lo quiero!».

El significado de la insubordinación típica del segundo año de vida es muy importante y representa el primer intento del cachorro de ser humano de afirmar su propia subjetividad y de reivindicar un estatuto autónomo propio. En efecto, está bien recordar que a través del rechazo, la rebelión y el «no» el niño expresa una forma embrionaria de autodeterminación. Si ésta no es comprendida y acogida en su sentido evolutivo, entonces se corre el riesgo que se inicie la «mano dura», tan extenuante, que además de cansar a la mamá amenaza con comprometer el valor constitutivo de la autoafirmación y de obstaculizar el camino de la separación psicológica. **También los caprichos, es decir, las oposiciones insistentes y no complacientes, manifiestan bien que el único objetivo de tales comportamientos es decir no, por lo tanto, representan una manifestación directa de la protesta infantil y un modo del niño de experimentar su poder sobre el otro, así como los otros límites.**

Es importante precisar que esta fase constituye una etapa natural del desarrollo psicológico y se desencadena sin una razón externa precisa que empuje el pequeño a oponerse a la mamá. No es por tanto una actitud definitiva ni una característica del niño, ni implica una inadecuación o una culpa de la madre. Se trata, en cambio, de una necesidad del propio niño a la cual es oportuno que los padres den respuesta. En efecto, el puro ejercicio del no tiene un valor especial en el crecimiento y es parte integrante de ello.

El niño experimenta de este modo lógicas de poder respecto a los adultos de referencia: parece querer oponerse al deseo de la madre y distinguirse de ella, pero al mismo tiempo pide —sobre todo a la madre— si puede aceptarlo, qué representa para ella y si puede reconocerle un estatuto autónomo sin padecer por ello o enfadarse demasiado. En el corazón de esta protesta está la necesidad del niño de sentirse reconocido y querido, también en sus instancias separativas.

Es un momento en que la relación afectiva también se colorea de una acepción «política»: para usar una metáfora, podríamos decir que el niño en esta fase es como una pequeña «región» floreciente que, a través de huelgas y protestas, pide al «Estado» el reconocimiento de un estatuto especial y autónomo. El Estado no tiene que combatir a la pequeña región porque es parte integrante de sus confines, y tampoco ofrecerle una igualdad ilusoria o bien separarse de ella, vía quirúrgica, elevando un muro, ya que la región no está lista, no es todavía un Estado real.

Se trata entonces de negociar una autonomía especial, por ejemplo, concediendo excepciones y preservando las reglas fundamentales. También con los niños de dos años la negociación puede servir. En la mesa esta actitud puede permitirle al niño sentir reconocida su propia facultad de autodeterminarse, por ejemplo, su derecho a tener un gusto personal y las preferencias en el campo alimentario, incluso en el respeto de los límites de las reglas. Y a la inversa: respuestas parentales punitivas amenazan con exasperar la protesta transformándola en un rechazo que puede valerse del poder extraordinario del cierre de la boca, el cual deja al otro impotente. **Dado que no se puede obligar al otro a comer, en esta fase más que nunca la insistencia alimenticia engendra y produce resistencia.**

La constricción agresiva o rabiosa en la mesa y las elecciones educativas por parte de los adultos que violan o hieren la expresión de la libertad pueden hacer resbalar la invitación a la convivencia propia de la mesa en un acto hostil, y desnaturalizar la dimensión innata de la oferta de comida en una imposición que pisa y aplasta la lógica relacional en pura lógica de poder.

Como expondremos más detalladamente en el próximo capítulo, cuando esto ocurre, la imposición puede suscitar en el niño reacciones de asco como el vómito —que simboliza una forma visceral y profunda de rechazo— o bien engendrar una fuerte inhibición alimenticia.

La anorexia del destete

En líneas generales, un buen destete sólo es posible cuando ha habido una buena lactancia, es decir, cuando el niño y la madre se han alimentado de la presencia del otro lo suficiente. Por esta razón, **cuando se habla de destete de los niños es importante hablar también de un «autodestete» de la madre del propio niño.** Sin embargo, las complicaciones del proceso de separación psicológica típica de la edad del destete, junto a las fuertes conflictividades que el rechazo alimentario engendra en la unión madre-niño, pueden dar inicio a la estructuración de cuadros patológicos reales. Como ya hemos subrayado, las alteraciones del comportamiento alimentario de los niños de esta edad producen un cortocircuito de la relación que amenaza con contribuir al trastorno alimenticio.

¿Qué diferencia hay? Los trastornos alimentarios se refieren a modalidades conductuales estructuradas, en las cuales la oposición, el rechazo o la búsqueda voraz de la comida duran más tiempo y son caracterizadas por actitudes de mayor determinación y obstinación del niño. Generalmente, en los cuadros de trastorno alimentario entre los seis meses y los cinco años se evidencia un malestar psicológico del niño bastante definido, que también puede expresarse por la alteración de otras funciones fisiológicas como el sueño o la evacuación. En esta franja de edad el trastorno alimentario predominante es la anorexia de destete, acompañada sobre todo por una rigidez del niño en las relaciones con los otros. **Son definidas como «anorexias por destete» aquellas situaciones clínicas marcadas por el rechazo a la comida que habitualmente comienzan en el período incluido entre el sexto mes y el primer año y medio.** Se trata de niños que manifiestan de manera persistente el rechazo de mascar, o bien rechazan el ingerir comidas diferentes de la leche del pecho o del biberón y que, en la ocasión de las comidas, muestran un fuerte nerviosismo o bien un progresivo desinterés, hasta a asumir una actitud marcadamente pasiva respecto a la comida y al acto alimentario. A veces tal comportamiento puede comportar una reducción de la aportación nutricional capaz de parar el crecimiento del niño. En estos casos es por lo tanto indispensable que haya una monitorización pediátrica asidua. Generalmente, la cristalización del rechazo alimentario se desencadena con la introducción de una comida nueva, para luego extenderse a las distintas ocasiones alimenticias, hasta hacer desviar la selectividad con la comida hacia una forma de rechazo obstinado. En estos casos, si después del rechazo inicial hacia las papillas al niño se le ofrece la posibilidad de volver a la lactancia, tal solución no es suficiente para solventar el rechazo o la inhibición alimenticia y para restablecer el comportamiento anterior.

Un ejemplo: Marcelo

Marcelo es el último de tres hijos varones. Desde que cumplió el primer año, coincidiendo con que le saliesen sus primeros dientes, Marcelo ha empezado a rechazar las papillas preparadas en las comidas, pidiendo insistentemente el biberón. No es infrecuente que la solicitud de biberón aparezca a esta edad como respuesta a la intolerancia de las molestias de la dentición, pero en el caso de Marcelo el rechazo de las papillas después de algún mes también se ha extendido a la leche. El papá, a menudo ausente por razones de trabajo, manifiesta la fragilidad de su propia posición simbólica que no permite al niño encontrar ningún límite a la unión. Marcelo, en efecto, para su mamá es un rescate personal, ya sea del mundo del trabajo, que no ha ofrecido una válida perspectiva a sus ambiciones, ya sea del juicio de inadecuación que desde siempre su familia de procedencia y el marido le dirigen. El pequeño Marcelo también es el hijo de última hora, llegado en la vida de la pareja cuando los otros dos hijos eran ya mayores. Además la mamá, a punto de cumplir los cuarenta años, deseaba una niña. Ahora o nunca, y llegó Marcelo; lástima que no sea una niña.

Los cuidados del más pequeño también representan una coartada que permite poner de lado la insistente presencia de la abuela materna de Marcelo, que, habiéndose quedado viuda, pide a su propia hija dedicación y compañía: «total, estás en casa». Todos estos aspectos contribuyen a clavar a la madre y al niño en una unión de estrecha dependencia.

La debilidad del funcionamiento paternal no ayuda a Marcelo a encontrar un límite a la unión con la madre, es decir, a esa característica de confusa vecindad propia de la unión primordial entre la mamá y el recién nacido, límite que en cambio encuentra en la solución del rechazo alimentario. De hecho, la anorexia de destete comporta una prepotente exigencia de ruptura dentro de la unión fundamental que, en cambio, se realiza aceptando nutrirse. La madre de Marcelo vive el rechazo alimentario del más pequeño de sus hijos como una traición que la hiere y la deja impotente. El rechazo de Marcelo le parece un dedo apuntado contra ella, del cual no sabe cómo sustraerse; el hecho de que luego Marcelo consienta en la oferta de la cuchara que le propone la abuela la hiere en su interior.

Como hemos señalado antes, el no a la cucharita, sobre todo durante la fase del destete, puede desencadenar fácilmente reacciones circulares entre los padres y el hijo. También en el caso de Marcelo, la reacción circular provocada por el inicial rechazo del niño ha contribuido a extender la amplitud del rechazo alimentario hasta estructurar una clara anorexia de destete. El recurso del niño al no y al cierre de la boca encuentra la insistencia de la respuesta alimenticia de la mamá, a veces rabiosa, otras angustiada, que crea en el pequeño un doble rechazo: hacia la respuesta materna y hacia la comida. En el ejemplo descrito, la alteración del comportamiento alimenticio vehicula una clara llamada del niño, que invoca la presencia paternal para que regule la relación afectiva madre-niño. En conclusión, **la anorexia** de destete vehicula una protesta del pequeño a una oferta alimenticia que experimenta como atragantamiento y que expresa al mismo tiempo una defensa de las emociones maternas o una llamada respecto a la exigencia de acceder al proceso de separación.

La primera separación de verdad (3-5 años)

«Mi niño de cuatro años y medio todavía pretende dormir en nuestra cama y, sobre todo, no quiere masticar. Al principio, mi mujer y yo creíamos que era perezoso, pero estamos preocupados porque cada vez que tiene el plato delante, tamiza con los cubiertos el contenido por temor de encontrar pedacitos de carne, de hortaliza. Mi mujer se ve obligada a batir la comida, de otro modo, Filippo cierra la boca. Lo extraño es que come bastoncitos de pan, entonces, ¿nos toma el pelo? En la escuela materna las educadoras también nos dicen que el propio Filippo no quiere aprender a masticar: o no come nada o se alimenta de yogur y helado. Hemos entendido que él prefiere comidas blancas y densas, pero no puede vivir sólo de lácteos. Por lo demás, es un niño maravilloso, cariñoso, simpático y muy dulce con la hermanita nacida hace poco. El pediatra nos tranquiliza, porque Filippo crece bien, y nos sugiere que quizás sólo es un poco celoso porque ve a la mamá que amamanta a la hermanita. Pero yo, y naturalmente mi mujer, empezamos a preocuparnos, también porque nos damos cuenta que para las educadoras ya es un problema y no querríamos que creciera sintiéndose diferente de los otros niños. No sabemos si es justo obligarlo, es decir, insistir, o bien favorecerlo».

Un padre

El miedo a masticar

Así lo cuenta este papá, igual que muchos otros padres que se dirigen a nosotros preocupados por el rechazo de la masticación en niños que ya poseen una dentición adecuada. ¿Qué puede vehicular tal rechazo? Claramente, no es posible dar respuestas universales en tanto que cada niño es un individuo único, y por ello tal comportamiento siempre se interpreta a partir de la particularidad de cada historia subjetiva y familiar. Pero podemos proponer un discurso general, respaldado tanto por las referencias a la psicología evolutiva como por nuestra experiencia clínica. Cada lector podrá utilizar así las perspectivas de lectura que crea más pertinentes a la propia situación.

Si tenemos como punto de referencia las palabras del papá de Filippo, pueden estar de acuerdo con la sugerencia del pediatra, imaginando que el nacimiento de un hermanito pueda azuzar emociones fuertes y contradictorias. **Alegría, envidia, celos, miedo, rabia, dudas, interrogantes sobre el origen del hermanito, etc.) pueden ocupar la mente de un niño de esta edad.** Entonces, una constelación emotiva se acopla con el interior del pequeño para poner orden dentro. Pero la exigencia primaria de no perder al amor de mamá y papá permanece. Es aquí donde a veces se originan la dulzura y la tolerancia de los hermanos por los nuevos llegados: «si me hago el bueno con la hermanita, papá y mamá seguirán queriéndome», podría pensar un niño tan pequeño. Obvio que tales sentimientos se entrelacen a estados emotivos de diferente naturaleza: la rabia y los celos empapan el enredo emotivo, nutriendo fantasías de distintos tipos, como «pero ¿por qué se han ido a buscar a otro si yo ya estaba aquí?». En el fondo, difícilmente es el niño quien decide tener un hermanito, sobre todo cuando es tan pequeño. No es él quien le invitará, pero acogerá y tolerará la nueva presencia en casa, entre mamá y papá. Entonces, **para estar seguro de no perder su amor, de ser querido como antes, el niño puede dirigir sus emociones sobre otra cosa: por ejemplo, hacia su relación con la comida**. Filippo expresa de hecho la dificultad de afrontar y superar fantasías y emociones contradictorias y los miedos conectados a éstas a través de actitudes regresivas, ya sea exigiendo una comida parecida a la de la hermanita, todavía amamantada, o imponiendo el dormir en la cama grande.

No existen reglas o respuestas universales frente al miedo a masticar de un niño, ni palabras mágicas que en breve solucionen momentos críticos, justo porque, como ya hemos subrayado, los síntomas de los niños conciernen la especificidad de cada familia y cada uno de los miembros de ella en su singularidad. Por este motivo, durante los coloquios con los padres siempre es importante recoger informaciones sobre la historia de aquella familia: en la particularidad de cada una es posible encontrar los significados del trastorno alimentario del hijo. Pero es útil ofrecer sugerencias para evitar que respuestas parentales exasperadas o ansiosas puedan crear un círculo vicioso no productivo, más bien contraproducente, que va a reforzar las dificultades y el rechazo de la comida del pequeño.

En general es útil recordar que la insistencia engendra más resistencia: a menudo el no del niño delante del plato es directamente proporcional a la insistencia con que el adulto justo propone aquella comida. Nos vienen a la mente historias de mamás que siguen por la casa al hijo con el bocado de comida en el cubierto, o que acompañan con súplicas la oferta del plato. A veces es suficiente reorganizar la mano dura en la mesa para que la atmósfera durante las comidas se tranquilice y el conflicto se vuelva menos fuerte. En general es posible afirmar que morder y mascar son actos sustentados por los impulsos agresivos y, por tanto, en particulares momentos de dudas o de contraste emotivo el niño puede temer por su misma agresividad aunque concierna a sus fantasías, en las cuales la ambivalencia emotiva está dirigida a sus objetos de amor.

Para explicarnos mejor, significa que a menudo se trata de comportamientos del marco psicológico en la cual el niño se encuentra en ese momento. En el ejemplo de Filippo, ver a la mamá que amamanta a la hermanita puede hacer surgir dentro de él sentimientos ambivalentes de celos, envidia, miedo, rabia y amor difíciles de gestionar. El esfuerzo de reprimir la agresividad puede originar de este modo un rechazo transitorio de la masticación. Además, masticar no produce el mismo placer de la succión y no para todos los pequeños es fácil renunciar a la satisfacción que implica el hueco oro-faríngeo. Chupar provee sensaciones agradables al pequeño conectadas a la mucosa oral que perpetúan el recuerdo de las experiencias igualmente agradables conectadas a la lactancia.

Algunos renuncian sin muchas dificultades, otros se oponen a esa modalidad de introducir la comida y pretenden que todo sea triturado. Entonces, ¿qué hacer? Tampoco existe ninguna regla universal respecto a esa pregunta; el sentido común, la sensibilidad y el conocimiento único de mamá y papá pueden sin duda indicarles la mejor actitud que tomar. Como ya hemos dicho, tal trastorno alimentario puede ser pasajero, en cambio, si permanece en el tiempo, tiene que ser el pediatra de referencia quien sugiera a los padres el derivarles a un psicólogo.

El ingreso en el comedor escolar: «no me dejéis solo»

El ingreso en la escuela materna para el niño es la primera experiencia real y concreta de separación de sus objetos de amor, y obliga psicológicamente el pequeño a elaborar la evidencia de que cada uno es una persona diferente de la otra. Comienza, por tanto, a experimentar la frustración ligada al encuentro con las características y las exigencias de la realidad externa a su lugar familiar. Es decir, entiende que al igual que la mamá y el papá, él también pasará tiempo fuera de casa, junto a otras personas grandes y pequeñas, y sin la presencia de sus objetos de amor. El ingreso en la institución escolar continúa de este modo la elaboración de un trabajo psicológico de aceptación de la separación y diferenciación en el niño. El conjunto de las emociones que acompaña este momento concierne por tanto a la modalidad con la cual el pequeño y sus padres viven tal separación.

«No me dejes sólo» recoge sintéticamente la demanda y los temores que transmiten los llantos y las resistencias del niño. La suerte que tomará tal constelación emotiva y el relativo trabajo mental están conectados estrechamente con las respuestas y las actitudes de los padres y, obviamente, con la calidad y las capacidades de las educadoras de acoger a los pequeños. Podríamos decir que **el ingreso del niño en el entorno escolar reproduce, aunque en términos diferentes, el destete, y las maestras continúan la tarea de la madre «nutriendo» y coadyuvando el proceso de crecimiento**.

Además de la separación, el ingreso en la escuela materna empeña al niño en otros dos frentes: tiene que establecer una relación con un adulto que no conoce y establecer relaciones con otros sujetos parecidos. Parecería deducible, pero no lo es. La capacidad de querer y por lo tanto de tejer nuevas relaciones afectivas es una conquista que el sujeto hace durante su recorrido de crecimiento; además, a la educadora, es decir a una adulta todavía extraña, el niño la tiene incluso que obedecer, reconocerle el estatuto simbólico de una autoridad con la cual conformarse, siguiendo reglas y normas, y no sólo con la que jugar. Educar y ser educados inaugura, ya a la escuela infantil, una peculiar y especifica dialéctica entre individuos, pesada pero indispensable para crecer. Entonces la prueba que enfrenta el pequeño es aceptar o rechazar la relación afectiva y simbólica con las educadoras y, mientras tanto, encontrar el propio modo de establecer las relaciones con los compañeros de clase.

Después de esta amplia premisa, en el ámbito de la nueva experiencia de socialización que es la escuela de la infancia, el comedor escolar es otra cita particularmente significativa que encara el pequeño, porque la comida es el momento privilegiado en el que se expresa la calidad de la relación del niño con el otro. Como hemos mostrado en los capítulos anteriores, la comida es un objeto afectivo y el acto nutritivo implica la relación. Aceptar o rechazar la comida que el comedor escolar propone está estrechamente relacionado con la capacidad y la disponibilidad del niño de confiar en las educadoras para poderse entregar y aceptar lo que se le ofrece. El comedor escolar no se agota nunca en la sola experiencia de la satisfacción de una necesidad, sino que es un momento privilegiado en el que la oferta de la comida vehicula un mensaje de cuidado más complejo y concluye con la satisfacción de la necesidad transformada en apego dentro de una nueva relación. Las señales que hacen del momento de la satisfacción alimentaria un tiempo necesario para fundar una unión empático-afectiva son diferentes. ¿Cuáles son?

El tono de la voz, las miradas, las sonrisas, la calidad de los gestos, de las palabras, en una atmósfera que pueda transmitir alegría, buena energía afectiva e intercambio emocional. Olores, sabores, matices, ruidos interconectados se multiplican en la relación de convivencia. Eso permite que la gratificación del hambre inaugure al mismo tiempo una «confianza», la cual es premisa para cada tipo de convivencia. **Abrir o cerrar la boca significa acoger o no al otro y lo que propone**.

El momento de la comida puede volverse la escena privilegiada en la que el niño se sirve del alimento para expresar su dificultad de separarse, y por tanto, de tolerar la separación con el consiguiente miedo de ser abandonado, y al mismo tiempo de encomendarse a un entorno nuevo. Además, también puede revelar las posibles problemáticas del niño respecto a la relación con las educadoras y con los compañeros.

Obviamente, la preocupación de la madre respecto a la alimentación escolar del propio hijo y la relación del niño con la comida en la escuela son un reflejo de las posibles dificultades de la separación. En efecto, la dificultad de los niños para reorganizar el miedo natural de ser abandonados, para confiar en nuevas posibles figuras de referencia, para encontrar un sitio y apasionarse en las relaciones con los compañeros y el juego de grupo puede encontrar expresión en el rechazo de algunos alimentos o en la escasa disponibilidad del niño a consentir en la oferta de comidas procedentes de una mano diferente de la de la mamá. En estos casos, los métodos educativos rígidos o impersonales y la aplicación mecánica de reglas preestablecidas pueden aumentar la desconfianza del pequeño y hacer todavía más complicado el desarrollo natural de la relación con la escuela.

En resumen, las dificultades alimenticias que los niños expresan en la escuela pueden concernir malestares y dificultades transitorios ligados a una particular fatiga que el pequeño encuentra todavía a la hora de insertarse y encomendarse a las nuevas figuras de referencia, o en el hecho de tener que aceptar las reglas y límites propuestos. No hay que olvidar además la vivencia de la envidia y de los celos, que puede acompañar al niño en su ingreso en la guardería. Por ejemplo, cuando se da cuenta de que, mientras él sale, su hermanito se queda en casa con la mamá: ¡aquellos dos disfrutan y él no! A veces también sucede que el niño se sienta culpable porque dentro de él empieza a comprobar el cariño hacia otra persona que no es la mamá. La «pasión» hacia la maestra es capaz de inquietarlo a partir del temor de traicionar a la mamá y su amor. El consecuente conflicto interior puede atemorizar al pequeño y empujarlo a usar la comida y el acto alimenticio para expresar su dilema interior: «pero ¿se puede querer a dos personas?».

Está claro que lograr sentir amor hacia una persona extraña que no es la mamá ni alguien de la familia es un logro en su desarrollo, sin embargo, el pequeño no lo sabe y puede sentirse confuso por este nuevo sentimiento. Además, puede ocurrir que el rechazo de la comida del comedor esté relacionado con políticas educativas demasiado severas y rígidas o con una calidad de las intervenciones de las maestras y maestros no adecuada: a menudo en el curso de las charlas con los padres nos describen situaciones de rechazo alimentario en niños asustados por el nivel de los castigos que imponen los educadores respecto a los caprichos en la mesa o al tono de sus palabras. «Pon allí tu sillita en el rincón y quédate a reflexionar»; «niños, no imitéis a Pablo porque es malo y no come», como en el ejemplo decididamente paradigmático de Emma.

Un ejemplo: Emma

Emma es una niña de tres años que para poder comer tranquila encontró una solución eficaz respecto al miedo a las broncas que las maestras echaban a sus compañeros que no comían: se llevó su plato dentro de una casita que había en la clase. Así, protegida y segura, pudo satisfacer su apetito. Sin embargo, esa solución fracasó pronto porque poco a poco otros compañeros la siguieron, y las maestras prohibieron a todos el empleo de la casita. La niña paró entonces de comer en la guardería y los padres, preocupados, pidieron un encuentro con la asociación.

Niños que padecen de alergias alimenticias

Un trato aparte merece el comportamiento alimentario de los niños que necesitan dietas especiales a las que es indispensable que se atengan por razones médicas importantes. Ahí se encuentran los niños diabéticos y aquellos con enfermedades metabólicas. Es particularmente emblemático el caso de los niños con alergias alimenticias que, en razón de tal diagnóstico, tienen que atenerse rígidamente a una dieta que excluya los alérgenos, es decir, aquellos ingredientes que al ser ingeridos provocan una reacción alérgica inmediata. Las alergias alimenticias en edad pediátrica siguen en aumento y no deben ser confundidas con las intolerancias alimenticias que, a diferencia de estas últimas, comportan en el niño el riesgo de reacciones anafilácticas inmediatas que pueden comprometer su vida.

En parecidas circunstancias el niño, y sobre todo su familia, puede vivir la inserción en el comedor escolar con notables preocupaciones, ya sean de orden práctico o de orden emotivo, en un entrelazarse de complicaciones que pueden desembocar en angustia real hacia el comedor. Ante todo, los padres necesitan tejer una relación auténtica y respetuosa con la institución escolar que les permita —a cada uno con su propia sensibilidad y particularidad— confiar a la organización escolar al propio niño y la vigilancia sobre su alimentación y su salud. En nuestra experiencia de escucha y soporte respecto a padres de niños con importantes alergias alimenticias, también después de la inserción escolar, es decir, en el curso de los tres años de la escuela infantil, el encuentro con el error humano, ante el cual la organización escolar no puede quedar completamente exenta, reaviva inevitables sentimientos de angustia que pueden interferir posteriormente en el comportamiento alimentario del niño.

En general, la relación del niño con sus educadoras y la de estas últimas con los padres constituyen una premisa útil y preciosa: tal alianza representa el factor de contención más importante al humanizar la condición particular del niño y al dedicar las propuestas alimentarias de la escuela y su puesto en la mesa a esa atención y vigilancia que requiere el riesgo de potenciales reacciones alérgicas. Obviamente, esto no ocurre siempre con espontaneidad, y los niños pueden sufrir como consecuencia de ello un comportamiento alimentario inhibido o desconfiado, o bien una particular reticencia en el respeto de las reglas de conducta de la mesa.

Para los niños alérgicos, el tener que seguir un régimen de exclusión tan restrictivo respecto a muchos alimentos, junto con la comparación con los otros compañeros puede comportar una fuerte frustración. En el fondo, la ritualidad del acto alimenticio es tan innata en nuestras costumbres (pensemos en las tartas de cumpleaños, o los roscones de Navidad) como para obligar a estos niños a una renuncia frecuente o a tener que ajustarse frente a límites mucho mayores que los de los otros niños. Este aspecto puede engendrar un sentimiento de injusticia y una frustración que pueden ser resumidos en una única y frecuente pregunta: «¿por qué no puedo comer yo las mismas cosas que mis compañeros?». A veces esta frustración se refleja en las vivencias de los padres y puede contribuir luego a amplificar el malestar del niño que, por lo tanto, junto a la propia frustración, también recibe la de mamá y papá.

En resumen, el comedor escolar no es sólo el momento de satisfacción del hambre y de la introducción de la comida en el cuerpo, si no que implica también alimentar la relación de convivencia. Servir la comida no es suficiente para que el pequeño pueda aceptarla.

La educación en la mesa entre disciplina y afectividad

En la rutina de la vida familiar las comidas son los momentos privilegiados que conjugan afectividad y disciplina. Aprender a estar sentados en la mesa, a ordenar y reconocer que es el momento en que se come y no se juega o a utilizar los cubiertos y la servilleta se entreteje a la vez con el placer de estar todos unidos alrededor de la mesa y de intercambiar palabras y sabores. Ciertamente, no es fácil educar en la mesa y en las buenas maneras, sin embargo el ejemplo es el mejor modo de transmitir al hijo reglas y comportamientos adecuados.

El comportamiento alimentario es algo que tiene que ser aprendido y la relación del niño con la comida se ve estrechamente influenciada por el sentido que ello tiene en la madre y el padre. Eso significa que el pequeño estructura su relación con la comida y el acto alimenticio a partir de la observación de su contexto familiar. El ejemplo del adulto de referencia y el valor que la comida tiene en los padres, en los educadores o en los maestros influencia de modo determinante y desde su nacimiento la particular relación que el niño desarrollará gradualmente con la alimentación. ¡No hay mucho de qué asombrarse de un niño que rechaza comer la verdura si también el papá no acepta tal alimento! O bien, es indudablemente más difícil hacer que el pequeño no se levante de la mesa y esté sentado si ve a menudo a la mamá de pie, durante las comidas, o desplazándose continuamente para contestar al teléfono, o al padre comiendo de prisa y en pie porque tiene que correr al trabajo, o al gimnasio o a ver el partido. Además, también es verdad que desde pequeños los niños pueden expresar los gustos personales respecto a las distintas categorías de comidas; gustos que deben ser respetados pero también orientados para promover en los pequeños nuevas ocasiones de conocimiento en el ámbito alimentario. A tal respeto, es paradigmática la protesta de Mattia, un niño de tres años, referida en el diálogo de una madre.

Un ejemplo: Mattia

La mamá, muy preocupada por la actitud opositora del hijo, cuenta su decisión y la del marido de elegir un régimen alimentario vegano. Todo bien hasta el encuentro de Mattia con el comedor escolar y con la experiencia directa del pequeño con las comidas propuestas a sus compañeros. Al preguntarle un día la mamá qué prefiere comer, Mattia, con vigor, le contesta: «dos bonitos chuletones».

Ya en la infancia el niño no sólo muestra su exigencia de ver respetados sus gustos alimentarios, sino también el ver reconocida su exigencia de expresar el propio valor subjetivo en su relación con la comida y el comedor. Igual que a los dos años, **en el curso del último año de escuela infantil el niño puede recurrir al propio gusto personal para experimentar en la relación con el adulto la propia autonomía subjetiva y demostrar al otro, a través del gusto personal, quién es**. La boca, en efecto, es el órgano privilegiado con que el niño conoce y se apodera de los objetos del mundo, pero también el lugar en que, por la palabra y la elección de abrir o cerrarla, él transmite su decisión de aceptar o rechazar lo que el otro le ofrece. La selectividad alimenticia basada sobre el gusto puede referirse a veces a la relación con los hermanos y concernir a la necesidad del niño de rechazar la comida que se le ofrece para reivindicar la propia particularidad.

La desconfianza hacia categorías de alimentos y sabores nuevos que a veces aparece en la infancia también puede ser el efecto de un escaso conocimiento o confianza, habitual en el niño con algunas categorías de comidas. Ya hemos subrayado que el niño tiene que confiar para poderse entregar a quien le ofrece algo, también ante aquella comida que luego hace propia, incorporándola.

He aquí entonces la importancia de que tanto el contexto familiar como el escolar, desde los nidos hasta los comedores de las escuelas primarias y secundarias, se incentive una oferta alimenticia variada, para que de este modo el niño se anime a ampliar su experiencia en la mesa y, al mismo tiempo, contribuya a favorecer una relación equilibrada y sana con la alimentación. El acto nutritivo siempre implica que se coma en el «campo» del otro, en su mesa: es una cuestión entre el sujeto y el otro, que inaugura desde la primera experiencia el ofrecimiento de la comida como una invitación a la mesa del otro y que éste te pide que aceptes. Por lo demás, en nuestra cultura, desde siempre, ofrecer la comida y consumirla juntos forma parte de un ritual social que disminuye la agresividad y sirve para reforzar y establecer cualquier tipo de contacto humano. Por este motivo la comida, en su inscribirse desde el principio como vehículo de cambio entre el recién nacido y el mundo, entre el pequeño y el cuerpo de la madre, se establece enseguida como lugar de elección para la manifestación del trastorno infantil.

El alimento es un medio de subsistencia, es lo que nutre, lo que nos mantiene vivos; por tanto, la comida sola no basta, como por otro lado sólo el amor tampoco sustenta. En el fondo, la comida es amor en referencia a la calidad particular de la relación en que se ofrece. Pensemos en la película *El festín de Babette*, que muestra con claridad cómo el momento de la comida, además de ser un considerable intercambio de alimentos y sabores, también es un acto de amor y entusiasmo. Pues no es ciertamente fácil articular tal intercambio afectivo y de satisfacción de una necesidad con la disciplina. **He aquí entonces la buena sugerencia de no re-**

currir al acto nutritivo por otros objetivos: nos referimos en particular a la tendencia de los adultos a usar la comida dentro de dinámicas de chantaje y amenazas, es decir, de poder. «¡Si no acabas toda la sopa llamo a la policía!»; «¡cómete todo el bistec que así pones contenta mamá y luego nos vamos a jugar!». Conversaciones como éstas no causan ciertamente un trastorno alimentario, sin embargo, corren el riesgo de desnaturalizar el estatuto de la comida y el acto alimenticio y de alimentar lógicas de poder.

El niño, aunque sea pequeño, es capaz de entender que comer o no comer tiene un poder sobre el otro. Desde siempre está reconocido el poder del rechazo alimentario, así como la determinación obstinada y no violenta que la huelga de hambre permite. Y aunque la infancia es la edad de la docilidad, el niño puede llegar a ser precozmente un hábil y convencido «chantajista». En general, la rareza y la protesta en relación a la comida tienen el poder de poner en crisis el sistema familiar. La huelga de hambre representa una insubordinación al otro que eleva al niño sobre una roca inexpugnable desde la cual el pequeño se relaciona con los padres o la escuela, desencadenando lógicas de poder también radicales. Cuando esto ocurre, hay que interrogarse. Puede suceder que en un momento de dificultad, de miedo, la obstinación en el comportamiento del niño pueda cobrar un sentido que no concierne necesariamente al capricho o a un aspecto de su carácter rebelde sino a otra cosa.

En el período infantil, el devorar o el rechazar la comida permite al niño encontrar en la relación con ésta una forma de demanda muda hacia los padres, a la cual sólo ellos pueden contestar desde su preciso conocimiento sobre él. A menudo, lo que estos síntomas piden es una señal del deseo de los padres: no de su amor, no de su reconocimiento, sino del puro deseo. Los síntomas alimentarios no apelan a concesiones o regalos, ni se rectifican con esfuerzos o castigos. A veces piden algo paradójico, semejan invocar un no especial. Por esta razón son comportamientos enigmáticos para los padres.

Es decir, **el malestar alimentario infantil puede tener el valor de una demanda hacia el otro para que éste ponga un límite, una regla que represente la señal convencida del valor educativo de tal contención.** Pues el ejercicio del no puede representar la señal del deseo de un padre, es decir, de la asunción de la responsabilidad de crecer y no de poner reglas como un mero acto despótico sino como un límite que también proteja al niño de las mismas reivindicaciones infantiles. **Para crecer, a un hijo no le basta el amor, también se necesitan los noes. En efecto, la experiencia del límite que los padres le proponen a los hijos puede tener el poder de transmitir la calidad de tal capacidad parental de conjugar cariño y disciplina.** Al contrario, cuando el no es percibido por el niño como puro ejercicio de poder, el pequeño puede utilizar la comida como un refugio seguro. Raramente un padre elige deliberadamente el autoritarismo, sin embargo, el entorno y la forma en que los padres dicen ciertos noes puede contribuir a hacer de estos límites y prohibiciones un interrogante difícil de traducir para el niño y que puede interpretar como prepotencia, nerviosismo o respuesta exasperada y fuera control del adulto. Entonces el niño puede defenderse de eso utilizando la comida como consuelo o bien como instrumento de poder.

Otras veces, la experiencia del límite circula en las familias de manera ambivalente; el «no» se expresa bastante a través de un «ni» (es decir, un no que contiene un sí), el cual engendra confusión y transmite indecisión. Entonces es posible que el niño se valga de tal indecisión entre la prohibición y el consentimiento como un pequeño déspota.

El valor de la disciplina en la mesa para nosotros los psicoanalistas atañe a la posibilidad de que, desde pequeños, cada uno sienta que es invitado, es decir, que tenga su sitio preciso, en un pacto en el que se observen ciertas reglas. Además, una vez destetado del pecho y de la dependencia de la mamá, sin más dependencia de la comida-leche, cada uno conquista un sitio en la mesa familiar como un individuo que puede hablar, aunque todavía sea pequeño. Es por esto que los padres, por ejemplo, les enseñan a los propios hijos que con la boca llena en la mesa no se habla: no sólo porque sea poco educado sino —y sobre todo— porque hace imposible el entenderse: o se come o se habla. Esto nos explica indirectamente por qué el pequeño, que no habla todavía el lenguaje de la palabra, sepa sin embargo hablar otros lenguajes: el de la comida, por ejemplo, que está mucho más cerca al lenguaje primitivo del ser humano, el lenguaje del cuerpo.

El cuerpo, gran mediador entre el mundo interior y el entorno

Como hemos subrayado en el segundo párrafo de este capítulo, la imagen del cuerpo que se constituye gradualmente en el niño funciona de mediador e instrumento de conocimiento y experiencia en su relacionarse con el mundo y con los otros. Durante la infancia el cuerpo es silencioso, podríamos decir que es un dócil acompañante de las conquistas y del crecimiento del pequeño. El recorrido evolutivo del ser humano está conectado estrechamente al desarrollo del cuerpo y a su estado de salud.

La adquisición gradual de las capacidades motoras permite al pequeño moverse a la conquista del conocimiento del mundo a través de los muchos contactos físicos con las personas de su entorno familiar, para luego apoderarse de eso y de quien está fuera del perímetro familiar. Pero el cuerpo no es sólo fisicidad y toma de control sobre el mundo, también es la personal e íntima relación con la imagen del cuerpo, tal como el espejo la ofrece y la mirada del otro vehicula, el todo coloreado por las muchas emociones ligadas a la calidad de las experiencias sensoriales, físicas y relacionales.

El niño es una unidad psicosomática: tal consideración, que nos transmite también el saber médico, da razón de cuánto se servirá el niño de su cuerpo, en la infancia, para hablar de sí, para expresar lo que ocurre en su mundo interior y señalar cuánto ocurre en su relacionarse con el mundo externo. Los cuidados parentales desde el nacimiento, como hemos descrito anteriormente, sirven justo para transmitir al pequeño una vivencia de «contención», útil y preciosa para que él no se sienta víctima de la propia impulsividad.

El cuerpo del adulto en sus repetidos contactos con el del hijo permite la experiencia fundamental de la contención afectiva. Sin embargo, eso no es suficiente si no está acompañado por una contención simbólica, es decir, de la palabra que interpreta y traduce al pequeño lo que está ocurriendo dentro y fuera de él. Por ejemplo, es frecuente que un niño, después de muchas horas pasadas en la guardería, pueda estar cansado o haber acumulado tensiones. El nerviosismo, la agresividad, la inquietud que a veces acompañan el regreso a casa pueden hacerle comprender al pequeño, «humanizando» así aquella tensión interior que vive sin poder reconocer y nombrar. Las palabras «acarician» el cuerpo ayudándolo a extenderse y ofreciendo al pequeño el camino maestro para establecer una relación armónica entre sí y con su cuerpo. Sólo una madre y un padre pueden desarrollar de la mejor manera esa tarea de contención afectiva y simbólica, porque son los únicos conocedores del hijo. El amor también se expresa cuidando de los aspectos físicos, satisfaciendo las necesidades instintivas del pequeño (hambre, sueño...) con rapidez y devoción.

Con tales consideraciones queremos subrayar que el cuidado del cuerpo también necesita de su tiempo; la prisa y el nerviosismo amenazan con liquidar un acto muy importante para el crecimiento subjetivo del niño. Lo ayudan a sentir que el cuerpo es querido y también a cuidar de él y a quererlo a su vez. Experiencias hostiles tempranas, de separación respecto al cuidado del cuerpo, pueden crear distorsiones de la imagen corpórea que son siempre factores de riesgo para el desarrollo futuro. **Los trastornos alimentarios desde la adolescencia siempre implican una relación alterada e insatisfactoria con la propia imagen corpórea.**

Además, es normal que en la infancia el cuerpo se convierta en vehículo de los impulsos agresivos. Ciertamente, no debe animarse la libre e incontrolada expresión de la agresividad, pero tampoco oprimirla de modo punitivo. La indispensable desaprobación de los padres a los mordiscos, los puños, los empujones, etcétera, debe transmitir la conciencia del padre y la madre de que se trata de actitudes fisiológicas en el encuentro inicial del niño con los otros. Educar en el sentido del respeto y la contención física es preciso para el comportamiento alimentario, al constituirse una relación equilibrada y natural del niño con la impulsividad que está también presente en la relación del ser humano con la comida. Incluso en este ámbito, queda clara la importancia del ejemplo que los padres y los adultos en general ofrecen al pequeño, sobre todo a partir de la gran confianza que él nutre para mamá y papá y que lo lleva a pensar que si ellos hacen así... ¡entonces es justo!

Un ejemplo clásico es el papel de guía que realizan los padres durante almuerzos y cenas con amigos... ¡El niño aprende! Aquí está pues la importancia que los cinco sentidos tienen en constituir una relación armoniosa del pequeño con la comida: permitirle con tolerancia algún desastre, enseñando mientras tanto cómo se hace, puede promover que se constituya en el niño una vivencia amistosa con la comida y con el acto alimenticio que haga espacio a la impulsividad y la regule. A tal propósito es significativa la oposición de Tommy respecto al comer, que concierne en realidad a la rigidez y la severidad con que los padres transmiten la educación alimenticia. A esto se une una gran soledad de la experiencia de la mesa de este niño, que durante la semana siempre cena solo, antes que el padre y la madre, en presencia de la niñera, la cual está ocupada mientras tanto en hacer otra cosa. La demanda muda de Tommy se sirve de la protesta alimenticia para señalar su malestar de corresponder a las rígidas reglas familiares o la tristeza respecto a la soledad.

Sin embargo, otras veces el trastorno alimentario del niño concierne caos y confusión, es decir, ausencia de reglas en la mesa y «no». Entonces los caprichos, el escupir, levantarse a continuación, tirar la comida al suelo, etcétera, puede vehicular, aunque de forma paradójica, la demanda del niño de un orden, es decir, la necesidad de una contención que funcione de límite y reserve un sitio para todos.

Un ejemplo: Licia

Los momentos de la comida fueron para Licia, de cinco años, la ocasión para atraer la atención de todos, padres, abuelos y hermanos, sobre su demanda de recibir menos límites a su propia exigencia de autonomía, o de recibir atenciones diferentes respecto a la opresiva actitud protectora y a la presencia ansiosa de todos. Siempre en movimiento, también en la mesa al rechazar la comida, Licia intentaba romper la continua barrera protectora y encontrar un orden a los mensajes confundidos y contradictorios que recibía, ligados a las continuas disidencias y a las contraposiciones presentes en las relaciones familiares.

A veces los niños provocan a los adultos, y también lo hacen en la mesa, para ver hasta qué punto puede llegar su provocación y la capacidad del otro para tolerar o poner límites. Ahí reside la importancia de los momentos relacionados con la alimentación que, repetimos, han de conjugar afectividad y disciplina y no han de tener por objetivo el «enderezar» deformaciones o usar estrategias educativas amenazadoras y de chantaje, sino que tienen que ofrecer un entorno convencido y sereno que comunique con claridad que ciertas cosas no se pueden hacer, que el de la comida es un momento preciso y diferente y que comer nutre nuestro propio cuerpo, pero también alimenta la relación entre las personas.

En el primer capítulo hemos subrayado cómo hasta en el útero el feto es imaginado y cargado de expectativas narcisistas que, además de la salud, pueden concernir rasgos somáticos como el color de ojos y cabellos, e incluso la forma que tomará al crecer el cuerpo del niño. Sin embargo, el nacimiento y el desarrollo pueden desatender tales expectativas relacionadas con las características físicas, y la mirada de los padres puede transmitir una contrariedad, una frustración o una desilusión respecto a la fisionomía real del hijo. **Un niño, incluso si es pequeño, es absolutamente capaz de percibir si su imagen física es fuente de gratificación, si es aceptada bien o no.**

Un discurso como éste le concierne en primer lugar al padre y a la madre, pero puede sin duda extenderse a los diferentes adultos de referencia del niño (educadores, maestras u otros miembros de la familia). Eso también vale respecto a las eventuales prestaciones deportivas que a los cinco años ya se le pueden proponer al niño. No todos los niños, por ejemplo, son capaces de expresar en general una particular habilidad y atracción por el balón o por los deportes, mostrando tal vez predilección por actividades más contemplativas (leer, escuchar música...) o por deportes considerados como «femeninos» (el baile, la gimnasia artística...). Reconocer que el hijo no es una propiedad y que siempre es distinto respecto a nuestras expectativas puede transformar las desilusiones en un reconocimiento de aptitudes y virtuosismos del hijo, de otro modo imposibles de apreciar.

Un discurso aparte concierne a los niños que ya con cuatro y cinco años tienen sobrepeso. Deseamos poner el acento sobre el riesgo que la experiencia en la infancia de una mirada insatisfecha o de un reproche por parte del padre y de la madre comportan, pudiendo contribuir a constituir una insatisfacción hacia el propio cuerpo o a crear las premisas precoces de un rechazo de su imagen física. En todo caso, tal insatisfacción experimentada en edad infantil puede fragilizar al sujeto y hacerle más vulnerable en el esfuerzo de afrontar el recorrido del crecimiento.

Las dimensiones del cuerpo corren el riesgo de convertirse en el criterio de valoración de sí mismo, confundiendo en el niño el valor subjetivo y por tanto ético con el estético. La insistencia sobre la delgadez o la presión sobre la comida prohibida, si no equilibrada, y siempre desde el respeto a la persona que ya es el niño, pueden interferir a esta edad, tanto en la relación del niño con la comida como en la necesaria sintonía con la imagen del cuerpo que va constituyéndose.

Un ejemplo: Bettina

Así se expresa Bettina, hoy una joven mujer obesa: «Cuando era niña, en la familia no se hablaba de otra cosa que de mi peso. Recuerdo a los muchos dietistas y médicos donde me llevaron con la esperanza de que adelgazara. Nadie ha entendido nunca que cuanto más insistían en verme únicamente como un cuerpo, más escondía en el cuerpo mi sufrimiento».

A veces, el sobrepeso infantil representa para el niño una «barrera» psíquico-somática que puede proteger su fragilidad y lo empuja a buscar en la comida un «analgésico», un «calmante» a su soledad y a sus miedos. La centralidad que el cuerpo asume en los cuadros de sobrepeso y obesidad infantil transmite una demanda de reconocimiento más adecuado de las propias exigencias subjetivas. La fatiga de corresponder a las exigencias del otro puede empujar al pequeño a renunciar a usar la palabra: «el niño anoréxico dice no cerrando la boca para protestar, el niño obeso dice no abriéndola y devorando. ¡La suya es una protesta silenciosa!».[1]

---

1. Pace, P.; Pozzoli, S. *Nutrire il cuore. L'importanza dell'intervento precoce nella prevenzione dei disordini alimentari in età evolutiva*, Edicolors, Génova, 2014.

¿Come o no come?

¿Qué secreto hay entre mamá y papá?

A los tres años el niño ya ha descubierto las señales de la diferencia sexual, es decir, que algunos tienen una «cosita» y otros no. Entonces se comienza a averiguar sobre este asunto extravagante. ¿Hacia dónde se dirige su búsqueda? Ante todo hacia el propio cuerpo. Así, por casualidad, descubre que algunas partes del mismo producen placer, y eso sin la intervención de alguien más. El placer puede probarlo solo y entonces, gradual e intencionalmente, inicia una primera forma de masturbación, obviamente muy diferente a la juvenil y adulta. Los padres se percatan de que a menudo el hijo siempre «tiene allí» las manitas y la niña «se mece» arriba y abajo. También el ingreso en la escuela materna contribuye poco a poco a un conocimiento de la diferencia sexual; el niño es empujado al descubrimiento del cuerpo del otro y pueden iniciar los primeros juegos inocentes, curiosidad y contactos con las partes más cubiertas de los compañeros y los primitos. Se trata de procesos naturales que no deben ser condenados ni castigados: tener una justa y discreta atención es todo lo que los padres pueden hacer.

Un ejemplo: Claudio

Claudio, un niño de casi cuatro años, es descrito por la mamá como muy tranquilo y cariñoso, un pequeño que «disfruta». Tal definición se refiere a su gran capacidad de adaptación y gratificación a través de un comportamiento extraño y preocupante para los padres. Ha ocurrido más veces que Claudio, mientras come, se toca el culete o el pene.

No estamos necesariamente en presencia de una patología, pero sí del impulso, presente de forma natural en la infancia, destinado a descubrir el propio cuerpo y a repetir las experiencias de placer, de bienestar. Pues la satisfacción del hambre y el placer que deriva son reforzados por Claudio repitiendo otra experiencia que es fuente de placer. Intervenir con el niño de esta edad considerando su comportamiento patológico o inconveniente amenaza con crear vivencias desagradables y poco comprensibles para un crío tan pequeño, introduciendo ansiedad y tensión durante los momentos de la comida. Es preferible, en cambio, hacer intervenciones más respetuosas de la espontaneidad de tales descubrimientos del niño, ayudándolo a distinguir y diferenciar «el placer del cuerpo» del «ritual de la mesa».

También hay otro aspecto «extraño»: la mamá y el papá duermen en la misma cama, salen solos, se dan besos, caricias y palabras un poco raras e insólitas. Y además ¿de dónde sale la barriga de mamá? ¿Y de dónde llega la hermanita? El pequeño se convierte en un curioso investigador y un hábil creador de fantasías y explicaciones. Sin embargo, estos dos misterios todavía quedarán por un poco de tiempo sin explicaciones exhaustivas.

Las fantasías conciernen en particular a la relación especial entre mamá y papá y su secreto entre ellos, que genera en el pequeño emociones contradictorias: amor y agresividad acompañados de rabia y esperanzas. **A este imaginario se le ha dado el nombre de complejo de Edipo, y se refiere al fuerte amor que el pequeño siente hacia el progenitor del sexo opuesto, tan fuerte, que ansía que sea enteramente para él y no tener que compartirlo con el progenitor del mismo sexo.** El interrogante que acompaña la infancia, «¿dónde estuve antes de nacer?», promueve en el pequeño fantasías y tesis sobre el secreto de su relación.

Es indudablemente un bien para el crecimiento del hijo que la pareja enseñe que además de ser un padre y una madre, son un hombre y una mujer, pues constituyen otra pareja que tiene una autonomía propia y goza de una íntima discreción. ¿Por qué es un bien? Ante todo, cuando existe una pareja, eso significa que el deseo de una mujer no se agota totalmente en su ser madre, y por lo tanto desea otra cosa más allá del hijo. Esto evita la hiperprotección y exclusividad del deseo de una madre de hacer del hijo el único polo de atención y captura de su deseo.

Si la pareja funciona, el pequeño no corre el riesgo de ser englobado y aspirado por la intromisión y exclusividad afectiva de la madre. Además, el niño puede entrar en relación más fácilmente con el deseo del padre, percibiendo que él no es todo de la mamá, juntamente al encuentro con los límites ligados a las fantasías de Edipo. Tenemos también presente que los niños de hoy son más perspicaces en el intuir ciertas cosas, donde el discurso social y los medios de comunicación vehiculan con más insistencia, y menos pudor, palabras e imágenes que conciernen al ámbito de la sexualidad.

«¿Qué sitio tengo en tu deseo?», este interrogante que ya hemos descrito acompaña la vida del ser humano desde el nacimiento y se presenta a esta edad[2] buscando respuestas a partir del miedo que suscita el descubrimiento de la unión afectiva especial entre mamá y papá. **Envidia, celos, curiosidad, miedos, etc. pueden llenar tanto el mundo interior del niño hasta el punto de empujarlo a querer ocupar a toda**

---

2. Definido en la lectura freudiana como fase fálica.

costa un tercer sitio, entre mamá y papá, para tener mayor control. En ese momento pueden aparecer pequeños retrocesos, el niño puede ser más caprichoso o desafiante, y en consecuencia, también la relación con la comida puede verse afectada. La protesta y las dudas pueden trasladarse al ámbito alimentario y expresarse, por ejemplo, en la desconfianza respecto a las comidas nuevas, en una tenaz oposición a lo que mamá y papá quieren que comas o en una continua solicitud de comida funcional para alentar los muchos miedos ligados a este período del desarrollo.

Va en todo caso agregado que los pequeños tienen ante todo miedo nocturno porque temen de ser abandonados; además, en esta época del desarrollo, el pequeño recurre a todos los medios para conseguir lo que quiere, y dormir con mamá y papá es sin duda mejor que solos, con el riesgo de que monstruos y malvados invadan los sueños.

«Estoy creciendo».
El alimento para el corazón, el alimento para el cuerpo
(6-9 años)

«Me dirijo a vuestra asociación como último recurso: mi hija Grazia, de nueve años, es una niña maravillosa, obediente y buena, tanto en la escuela como en la familia, pero desde hace tiempo tiene sobrepeso. La he llevado a varios médicos y dietistas, sin embargo no sirvió para hacerla adelgazar. La pediatra teme que, entrando en la pubertad, el sobrepeso pueda transformarse en obesidad. Por tanto, nos ha sugerido acudir a los psicólogos. Además, a día de hoy las dimensiones de su cuerpo son un obstáculo para el curso de danza que lleva haciendo desde pequeña: la maestra me ha señalado más veces tal problema. En la mesa se comporta bien porque estamos nosotros, pero yo creo que cuando está sola come porquerías y toma bebidas que engordan. ¿Cómo puedo hacer para controlarla?».

Una mamá

Un mundo por descubrir: la comida y el cuerpo entre la autonomía y la dependencia

Grazia es una niña con sobrepeso, y éste es fuente de gran preocupación para la madre que, decepcionada tras los muchos intentos de controlar los hechos, decide dirigirse a nuestra asociación. Lo que llama la atención durante las conversaciones con la madre es ante todo la dificultad para distinguir, en su discurso, a la hija de sí misma: habla de sí y de Grazia de modo especular; además, para describir la relación de la hija con la comida recurre a expresiones autorreferenciales: «Grazia me come...»; «mi hija me está engordando demasiado». Tales formas lingüísticas son indicadores, claramente superficiales, del grado de simbiosis, es decir, de no emancipación y diferenciación dentro de la relación madre-hija. En las siguientes charlas también emerge la dificultad de la madre para promover la autodeterminación de Grazia, y por lo tanto para reconocer a la hija como un sujeto diferente de sí misma y del propio ideal de hija: un individuo separado y ya no tan pequeño. No es siempre fácil para una madre ceder algo de la misma exigencia de posesión y estrecha dependencia del hijo de ella misma y de sus cuidados. No se trata de culpabilizar, sino de acoger siempre para ayudar a la madre a comprender que la esencia del amor materno está justo en prepararse para dejar crecer al hijo como sujeto separado y no como una «propiedad». **Promover autonomía e independencia en el reconocimiento de la naturaleza particular del hijo es uno de los modos en que se declina el amor de una madre.** He aquí el problema de Grazia, que en vez de usar las palabras utiliza la comida y su cuerpo para señalar sus exigencias de autonomía y diferenciación, por el miedo de la niña de hacer sufrir a su madre y perder su amor y armonía. Además, tal solución permite a la pequeña no corresponder ya al ideal narcisista de la madre de ser una bailarina sin correr el riesgo de ofenderla. De este modo, Grazia encuentra una solución, inconsciente, respecto a su propia dificultad para realizar la necesaria emancipación del objeto de amor primario. Madre e hija han seguido un trabajo psicoterapéutico, indispensable y útil en ambas, para emprender el adecuado recorrido de crecimiento e individualización, con modalidades más idóneas.

Después del gran esfuerzo de una primera adaptación al mundo, el niño de seis años se abre a nuevas experiencias, se extienden los horizontes, más accesibles gracias a la conquista de nuevas habilidades psicomotoras y cognitivas. En el empujón a realizar tales conquistas, el niño afronta las numerosas experiencias y tareas evolutivas ya sea a través de modalidades racionales o emotivas. Éstas se entrelazan, permitiendo que el mundo externo y el interior se crucen, enriqueciéndose cada vez más.

Los años escolares le permiten al niño aprender a leer y a escribir, y además tiene ocasión de enfrentarse con los compañeros y entretejer nuevas y diversas relaciones con los adultos. Estos aspectos contribuyen a ofrecer la posibilidad de acceder poco a poco a nuevas realidades en las que poder experimentar las competencias adquiridas y al mismo tiempo ver reconocido y valorizadas las propias habilidades y su peculiaridad.

Entrando en la edad escolar, los niños comienzan a sentir también la exigencia de hacer nuevas inversiones afectivas fuera del contexto familiar: de ahí la importancia siempre mayor que el entorno escolar y el grupo de pares adquieren, sobre todo en relación al recorrido de autodeterminación e individualización.

En el esfuerzo de afrontar el mundo extra-familiar pueden nacer nuevos miedos (de no estar adaptados, de ser marginados...), entonces, la mirada y la palabra del otro tienen una importancia central en reforzar o debilitar la imagen de sí y el valor subjetivo. Los niños, en este período de crecimiento, pueden desanimarse fácilmente y, para defenderse, se encierran en sí mismos o vuelven a alimentarse de garantías afectivas dentro de la relación con mamá y papá, evitando, por miedo o malestar, el abrirse paso hacia lo nuevo. Más adelante, hacia los ocho-nueve años, la relación con el propio cuerpo y con la relativa imagen interior adquieren cada vez más valor y centralidad, porque el niño es consciente de todo lo que a través del cuerpo puede hacer y no hacer.

Por ejemplo, la mayor coordinación permite arriesgarse en actividades que solicitan nuevas habilidades y también el juego puede implicar principalmente la corporeidad. Los principales pasatiempos pueden convertirse en pequeñas acrobacias en los jardines o bien en virtuosismos con la pelota en el patio. Además, en las relaciones sociales los niños experimentan la importancia atribuida al aspecto estético y a las dimensiones físicas.

Un ejemplo: Sonia

La rabia y el desaliento de Sonia, una pequeña paciente de nueve años y medio, ocupa su protesta silenciosa, vencida por el sufrimiento al constatar que el «*pass*» para poder ser aceptada por el grupo de compañeros tenía que ver sobre todo con la elección de un vestuario de marca y una imagen física más ajustada a los actuales cánones estéticos (delgadez). Sonia sintió a menudo la incomodidad personal producida por los apelativos graciosos, pero poco gentiles y respetuosos de los compañeros. En particular, una maestra que la ponía en dificultades por su timidez subrayó el rubor que apareció sobre sus... «mofletes» (¡así definió su cara la maestra!). El malestar psicológico de Sonia comenzó a servirse de la comida, a la que redujo en cantidad y eligió selectivamente para castigar y controlar el cuerpo, vivido por Sonia como el culpable de sus problemas.

Conviene recordar que el discurso social condiciona tanto a la institución familiar como a la escolar, en cuanto que ambas son instituciones culturales y por tanto reciben el sustento y reconocimiento de la aprobación social, de lo que deriva su valor en su contexto de pertenencia. Sabemos que todo lo que concierne al cuerpo, a la salud, al peso o la imagen ocupa en nuestros días un sitio central. Los medios de comunicación son los principales vectores del culto al cuerpo. De tal culto se originan una cultura que se ocupa de la salud y del mantenimiento de la forma perfecta y una cultura de la estética que dicta los criterios de valor de la belleza.

La delgadez, la prestancia y la ausencia de defectos físicos llenan las páginas de revistas y periódicos y son difundidos cotidianamente a través de la televisión y las redes sociales. Cada familia puede ser más o menos permeable, y también los profesores y entrenadores, quienes representan las referencias más importantes de los niños en esa fase de desarrollo. **Un hijo es perfectamente capaz de comprender si la mirada del otro sigue un criterio ético o estético, es decir, si es visto desde una óptica que logra ir más allá de la imagen y el rendimiento para llegar a él como sujeto o no.**

El sufrimiento de Sonia se estaba transformando en la rabia hacia el cuerpo, potenciándose su solución: parar de comer para reorganizar el cuerpo y así no sentir que la tomaban más el pelo. En este período de desarrollo, cuerpo y comida pueden comenzar a aliarse fácilmente como «instrumentos» de defensa o protesta si el sujeto no se siente respetado y reconocido.

Siguiendo con el tema de la gradual autodeterminación del niño, se debe señalar cómo el momento frente a la mesa se ve también sometido a las nuevas exigencias de esta fase de desarrollo. En efecto, cobran mayor evidencia los actos de libertad y autonomía en el apoderarse de la nevera, del menú y también en el poder elegir el compartir a veces las comidas con los amigos y fuera de la familia. Eso es una señal de la adquisición de una posición más subjetiva del niño respecto a su alimentación y del reconocimiento del valor de la comida como objeto que crea unión: la convivialidad.

La mesa familiar, de este modo, se puede enriquecer no sólo con nuevos manjares para conocer y probar, sino también de las palabras de cada comensal. Cada uno ya ha establecido su sitio en la mesa y tiene derecho a hablar, a contar sobre el día, además de comentar la oferta alimenticia de la mesa. Además, es necesario encontrar un ritmo propio que equilibre las ganas de hablar y las de comer: se trata de localizar un equilibrio entre la buena norma que prohíbe hablar con la boca llena y la invitación cordial a conversar en la mesa. **Creemos que eso es una de las conquistas preciosas de la familia contemporánea: un sitio en la mesa también para los hijos que pueda darles la palabra y brindar la ocasión para regular los impulsos**.

Ésta es la época en la que el adulto, en particular los padres y las maestras, solicitan educación en la mesa, se espera que el comportamiento alimentario refleje las reglas de las buenas maneras y de la convivencia. Los niños no siempre aceptan y respetan la disciplina en la mesa, ni la oferta de comidas que forman parte de una tradición culinaria (por ejemplo, el roscón de Reyes, el huevo de chocolate en Pascua...). Sin embargo, creemos que la firme convicción de los adultos de que todo eso forme parte del proceso de crecimiento de un individuo puede favorecer un buen encuentro gradual entre el niño con el estatuto natural, cultural y convivenvial de la comida y el acto alimenticio. No existen reglas universales... sino la necesidad de sentido común, la invitación a evitar empleos alterados del acto nutritivo por parte de los adultos y una buena dosis de tolerancia y escucha de las particularidades subjetivas que cada niño expresa en la mesa desde la infancia.

«Ya no eres un niño pequeño»: la importancia de devolver a la infancia sus sujetos y su tiempo

Promover autonomía e individuación no significa sin embargo «adultizar», es decir, olvidar que en esta época del desarrollo el hijo es todavía un niño que necesita a su mamá y su papá. Es más frecuente que en el pasado que los dos padres tengan que trabajar y ausentarse de casa todo el día. Las notables transformaciones sociales del último siglo han hecho indudablemente más difícil conjugar de modo armónico la vida privada y pública (trabajo, amigos, intereses...). Sin embargo, esa dificultad también concierne a los críos, que tienen que lograr tolerar la ausencia prolongada y cotidiana de mamá y papá. La soledad puede aparecer a veces como compañera de los días de niños todavía pequeños, y no siempre la niñera y las actividades extraescolares son capaces de llenar oportunamente el tiempo de espera de la vuelta de los padres, o de alegrar y divertir. En todo caso, no olvidemos que mamá y papá son insustituibles. La comida puede volverse entonces una compañera en las largas tardes haciendo las tareas, jugando con los videojuegos o viendo la tele.

Muchos estudios sobre la obesidad infantil subrayan la función consoladora y tranquilizadora que la comida asume en los cuadros con inclinación a comer desmedidamente y en las obesidades infantiles. Desde distintas partes se evidencia cómo el temor de no estar a la altura de las expectativas de los adultos de referencia, en particular de los padres, puede empujar tempranamente al niño a crecer en la tensión de corresponder a las expectativas del otro en perjuicio de sí mismo y del reconocimiento de las propias exigencias. Nos referimos a aquellas situaciones en las que el niño, para exorcizar el miedo de no ser amable, de decepcionar a papá y mamá, concentra todas sus energías psíquicas en el intento de satisfacer el ideal parental, de corresponder a los ideales y pretensiones del otro que quiere y que percibe, aunque sea de forma implícita. **Los niños son «esponjas» que absorben la atmósfera emotiva que los rodea, las «sondas» que acogen los discursos, la verdad oculta en las conversaciones de los adultos.**

Un ejemplo: Alessio

Alessio es un niño de ocho años y medio con serio sobrepeso. La muerte del papá, ocurrida cuando él tenía 14 meses, lo tiene encadenado en una relación con la mamá en la que su papel es el de funcionar de «tapón-fármaco» del dolor materno y del cual no puede autodeterminarse. La particularidad de tal unión entre madre e hijo lleva aparejada la presencia de un tipo de «nutrimento», obviamente no alimenticio, de las fragilidades de la madre, a las cuales el hijo contesta siendo frágil a su vez.

Alessio siente el deber de ser el buen niño que ponga contenta a la mamá triste y sola, al punto de tener que hablar como ella espera. Además, el pequeño percibe que comportarse como un «hombrecito» responsable y concienzudo es una garantía de mantenerse en la óptica de la aceptación materna. Ya tiene desde hace meses las llaves de casa, y después de la escuela encuentra preparada la merienda encima de la mesa y la hoja de cada día con recomendaciones y tareas que cumplir, como aquella, tan difícil para él, de cuidar a un gato y un perrito.

Al tener un jardín de la comunidad, Alessio tiene sólo que bajar al patio. Así lo hace cada día, y cuando la madre vuelve está cansada y, como buen hombrecito, la mesa ya está lista y cree que lo mejor es no preocupar y cargar a la mamá con sus fatigas y malestares. Acepta silenciosamente las cosas, no tiene caprichos, no da problemas a su madre. En efecto, la señora describe al hijo como un crío sereno y siempre sonriente, sólo las insistencias del pediatra la han empujado a dirigirse a un psicólogo, porque según ella Alessio no tiene problemas.

Es un niño a quien le gusta comer, perezoso pero muy bueno. En realidad, en el curso de la terapia emergen con claridad las grandes dificultades de ambos para separarse, autodeterminarse y reconocer, diferenciándolas, las exigencias y particularidades individuales. La comida y el acto alimenticio en este período del desarrollo pueden representar el objeto y el momento ideales para vehicular una protesta respecto al otro, realizando así una forma de pseudo-independencia o para expresar, sin utilizar las palabras, un malestar más profundo que se hace difícil expresar de otro modo. Eso tanto en casa como en la escuela. Es ésta la edad en la que pueden aparecer cuadros ya estructurados, tanto de rechazo alimentario como de voracidad patológica. Hacer caso a tales comportamientos interpretándolos como indicativos de un discurso más psicológico que alimentario siempre es útil y a menudo resolutivo.

Está bien que estilos de vida, objetos, experiencias y vestuario siempre respeten las decoraciones que necesita el período infantil. Esto vale también para los discursos y las palabras que los adultos transmiten en presencia de los hijos. No siempre, en efecto, se trata de encuentros que el niño logra traducir, digerir y metabolizar y que asimismo amenazan con empujarlos precozmente a asumir comportamientos demasiado adultos respecto a sus capacidades mentales y sus recursos psicológicos. Con este propósito reconducimos un ejemplo de restricción alimenticia.

Un ejemplo: Benedetta

La elección de iniciar una restricción por parte de Benedetta, de nueve años, es muy significativa. Ésta comienza gradualmente tras la separación de los padres. Como ocurre a menudo, los adultos de referencia de la pequeña leían tal comportamiento alimentario como consecuencia de la pena por la separación de los padres, así como por las molestias del sueño que empujaban a menudo a Benedetta a encontrar consuelo en la cama de la mamá y el papá cuando estaba con él.

El criterio frecuentemente utilizado por el pediatra es el «pasará»; también incidía notablemente en la lectura por parte de los padres de la inapetencia y el adelgazamiento de la hija. Fue en efecto la abuela materna, docente jubilada, quien decide llamar por teléfono para confrontar con un terapeuta su preocupación de que se pudiera tratar de un malestar psicológico más complejo, y no sólo del sufrimiento por la separación de los padres. Es así como durante el trabajo psicoterapéutico de Benedetta emergieron con más claridad los distintos aspectos que obstruían y angustiaban el mundo interior de la niña.

Tales dificultades concernían en particular a discursos y actitudes que la pequeña sentía y veía cuando estaba con el papá, y atañían sustancialmente a la sexualidad. El padre no tenía tabúes y ya fuera él o la nueva compañera iban por casa sin velos, y en particular durante las cenas con los amigos prestaban poca atención y protección a la calidad y a los contenidos de sus conversaciones.

Benedetta estaba demasiado cerca de aspectos de la sexualidad adulta para ella difíciles de comprender y metabolizar. ¿Qué solución inconsciente elige entonces la pequeña Benedetta? Parar de crecer, esto es, parar el crecimiento biológico ya sea para decir y hacer ciertas cosas o por miedo de tener que afrontar todo aquel mundo. Además, no comer y adelgazar podía llamar mejor la atención sobre su malestar. **«Llamar la atención» no es siempre sinónimo de caprichos y vicios, a menudo tal exigencia del niño debe ser interrogada porque puede vehicular una demanda, como en el ejemplo de Benedetta.**

La mesa de los abuelos

A propósito de los abuelos, creemos útil exponer la gran importancia que estas figuras tienen en la vida y en el crecimiento de los niños. No queremos detenernos sobre la disertación de la preciosidad de tales objetos de amor, sin embargo, creemos indispensable llevar la atención sobre la especificidad y centralidad de la mesa de los abuelos.

A menudo ellos representan un recurso indispensable para aquellas familias en las cuales ambos padres trabajan y el recurso de las niñeras no es satisfactorio o resulta demasiado costoso. La casa de los abuelos se convierte en un segundo lugar afectivo donde el niño vuelve después de la escuela y pasa las tardes hasta que uno de los padres llega.

A veces es justo la cocina de los abuelos donde los niños pueden encontrar los sabores y la calidez de la cocina casera. La pasta fresca hecha en casa, la tarta cocinada junto a la abuela, los platos regionales preparados junto al abuelo que mientras tanto cuenta los hechos de su juventud y... ¡de historias sabe mucho! El marco cultural que acompaña desde siempre la comida con sus tradiciones y ritualidad encuentra a menudo en la casa de los abuelos un sitio y una cuidado. Y luego... justo a la mesa entre la disciplina y el calor afectivo. La cercanía de sabores, olores de los delantales de la abuela y las gafas sobre el narizón del abuelo mientras ayuda a hacer las tareas son decoraciones preciosas de la vida de un niño.

«Con los abuelos come y prueba todo y en casa nos vuelve locos»: cuántas veces tal afirmación del padre y la madre se repite en las casas. ¿Por qué? No hay respuestas válidas universales, en cada unión entre los padres, los abuelos y el niño hay una historia distinta, sin embargo a veces se trata del encuentro que el niño hace con un entorno tranquilo, porque los tiempos son más extendidos, con una comida y un momento nutritivo, preparados con cariño y una espontaneidad que no siempre está presente hoy en día en las nuevas familias.

Está claro que no es siempre así, pero hemos querido detenernos sobre tal posibilidad justo para subrayar el gran recurso afectivo que tales figuras tienen en la vida de un niño.

La comida con los amigos: meriendas y picnic

Otra importante apertura de este momento evolutivo concierne a la exigencia del niño de construir e intensificar relaciones afectivas fuera del ámbito familiar. Es en particular el grupo de los compañeros, ante todo de los compañeros de clase, el que se ha de estimular y el que satisface tal exigencia. Una de las funciones importantes desarrolladas por la institución escolar es sin duda la de promover en el niño la capacidad de construir uniones con los compañeros, sea en el grupo de clase o fuera de ella.

Por ejemplo, uno de los objetivos de los trabajos de grupo, como las investigaciones o la preparación de las fiestas escolares es justo la de estimular también en el alumno la capacidad de estar en grupo y trabajar junto a los otros, compartiendo responsabilidad y objetivos. El ciclo de la escuela primaria es efectivamente el tiempo del nacimiento de las grandes amistades, del amigo o amiga del alma. Esta nueva variación de la corriente afectiva puede mostrar algunas diferencias entre el modo de hacer amistad de los niños respecto al de las niñas.

Estas últimas tienden principalmente a preferir relaciones amistosas con una o dos niñas, e incluso es posible afirmar que el nacimiento de la amiga del corazón comporta muchas veces una relación exclusiva de a dos. **Las envidias y los celos con respecto a la amiga del alma forman parte**

de las vivencias emotivas que acompañan las relaciones amistosas entre las niñas. La relación tiende, por lo tanto, a ser más exclusiva, a diferencia de la exigencia del niño, que se inclina naturalmente hacia formar parte de un grupo. Tal exigencia del niño refleja la necesidad de crear una red de amistades para poder dar desahogo a los intereses deportivos (jugar al balón, al baloncesto, montar en monopatín) o para poder compartir pasatiempos y pasiones (intercambiar los cromos de los futbolistas, jugar con los videojuegos, compartir el mismo equipo de futbol). El grupo de amigos se convierte en un lugar afectivo útil y precioso al fortalecerse. No es infrecuente que el grupo tenga su modo de vestir, de hablar, un lugar específico donde encontrarse... Sucede a veces que los grupos entran en colisión o compiten por el reconocimiento, ya sea en el contexto escolar o social. Es fácil observar las diferencias entre la calidad de las relaciones de los grupos de amigos, según sean hombres o mujeres, que se manifiestan por ejemplo en circunstancias específicas: durante el período escolar pero también fuera del colegio. En las fiestas de cumpleaños es frecuente observar a los chicos que hacen grupo lejos de las chicas, más involucrados en la lógica y en los juegos de grupo que las niñas, éstas más apartadas, que escudriñan con curiosidad y comentan las hazañas de los «hombrecitos», intercambiando confidencias y haciéndoles burlas, viendo a los chicos como rivales.

La importancia que asumen las relaciones de amistad conciernen también a la comida y al acto alimentario. Al crecer, los hijos quieren invitar a comer o a cenar a los amigos o hacerlo fuera de casa. La comida como vínculo de la convivencia empieza a adquirir y a asumir importancia en la pequeña red social del niño. Es sin el otro precioso que los padres sostienen tal conquista, obviamente siempre bajo los límites específicos impuestos bajo las normas de cada familia.

A veces son los propios amigos quienes en estas ocasiones pueden observar las diferencias tras ellos. Éste es uno de los aspectos más complejos de afrontar para los pequeños que deben seguir regímenes alimentarios específicos debido a motivos de salud (por ejemplo, niños con alergias alimentarias o diabéticos). Se trata de niños que en el comedor de la guardería o de la escuela han encontrado un trato diferente, a través del cual despiertan curiosidad en los otros niños. Cuando se va creciendo, la comida representa uno de los aspectos de la sociedad, y ellos deben hacerse cargo en primera persona de su peculiaridad, aprendiendo cada vez las reglas y pautas de dosificación y exclusión a las que se deben enfrentar. Estos pasajes son extremadamente delicados para los padres de los niños que sufren reacciones físicas graves y repentinas, como los padres de los niños alérgicos. Sobre todo cuando el fantasma de la reacción está aún muy presente y afecta a la pareja parental (como sucede cuando la reacción anafiláctica ha ocurrido a la vista de los padres), o los padres que viven con fatiga el enseñar a controlar y seleccionar la oferta alimentaria al hijo; transmitirlo puede ser para ellos muy complejo y una fuente de sufrimiento. Evidentemente, una cosa es confiar la alimentación del propio hijo al comedor de la guardería y otra cosa es consentir al pequeño que sea controlado en la ingesta de la comida. En nuestra experiencia de apoyo a los padres de niños con alergias alimentarias, la preocupación específica de los papás en la edad escolar recubre la socialización del pequeño. De hecho, es en esta edad en la que la relación con la comida empieza a formar parte de la socialización, con mayor autonomía e independencia del control y presencia de los padres. Por esto mismo la sensibilidad de los progenitores tiene un riesgo para la salud de los hijos, una fatiga personal y emocional, con dudas respecto al rol.

Es indispensable recordar que es en esta edad en la que el pequeño puede adquirir la importancia que tienen para él las reglas alimentarias: es bueno que la conciencia sea gradual y libre de una atmósfera con angustia, que permita al pequeño saber que para todo esto hay un remedio. Por ejemplo, en las meriendas o en las invitaciones a cenar fuera puede ser importante que el niño tenga cerca a un adulto de referencia, que esté bien informado y que pueda asesorar garantizar y acompañar en esta experiencia de autonomía, ofreciéndose como interlocutor para sus dudas o eventuales vacilaciones. También la sensibilidad de los compañeros y amigos más íntimos puede ser útil para infundir al niño tranquilidad y permitirle poder hablar de sí y de su particularidad, sin vivir este aspecto de su vida como un defecto insoportable que lo excluye del grupo.

Si son debidamente informados, y sin angustiarlos, los niños, en el grupo, pueden manifestar a veces una sensibilidad y una ayuda aún mayor que la de muchos adultos. En el trato entre hermanos, por ejemplo, así como en el grupo de amigos en edad escolar, fluyen naturalmente corrientes de envidias y de celos típicamente infantiles que a la vez pueden coexistir con una profunda sensación y natural solidaridad.

En el encuentro entre ellos en estos momentos de convivencia, los niños pueden observar también comportamientos alimentarios alterados, restrictivos o voraces y preocuparse por ello. No es raro, de hecho, que sean ellos mismos quienes se interesen y quieran averiguar lo que le está sucediendo a un amigo que con frecuencia no come o rechaza siempre el encuentro con un bocadillo o una pizza. Hablamos del lado femenino, donde sobre los ocho-nueve años la aparición de un trastorno alimentario afecta en mayor medida al ámbito femenino. Como afrontaremos en el último capítulo, esto es debido a la calidad de las particularmente incisivas transformaciones físicas en el cuerpo femenino y a los eventos que surgen en la pubertad. La precocidad con la que pueden comparecer los signos de la pubertad o las exigencias psíquicas a esas conexiones puede asustar a una niña que no se sienta aún preparada a nivel psicológico tan tempranamente para afrontar tales cambios. Es paradigmática a tal propósito la solución de Martina.

Un ejemplo: Martina

Martina es una pequeña de nueve años y medio que decide reducir drásticamente la ingesta de comida para poder detener el crecimiento de su cuerpo. La ilusión es la de poder modificar el propio destino biológico controlando la comida para gobernar mejor el cuerpo. Martina adelgaza de modo significativo en poco tiempo y se detiene su ciclo menstrual tras la aparición de la primera regla. A la vez, se depila el vello axilar y púbico, comentando a la madre que es demasiado pronto para tenerlo. A tales comportamientos, la niña añade otros regresivos (continua demanda de mimos y acercamientos afectivos con mamá y papá), unidos a una mayor clausura respecto a las salidas con las amigas. La madre se refiere así a la respuesta que la niña acostumbra a decir cuando no quiere salir: «mamá, ellas tienen un discurso que no me interesa, y además yo no quiero comportarme como hacen ellas con los hombres. Soy aún pequeña». De acuerdo con los padres y por sugerencia de la pediatra, preocupada por la pérdida de peso y el rechazo demostrado por la pequeña a aumentar la cantidad de comida, Martina inicia los coloquios psicológicos. A partir de éstos se desprende con claridad la brecha entre las precoces transformaciones físicas y los recursos psíquicos de Martina para aceptarlos e integrarlos, ya sea respecto a la imagen del cuerpo y de sí o respecto a los cambios que inevitablemente tales transformaciones suponen socialmente.

Una metáfora puede aclarar el alcance de la brecha que puede aparecer en la preadolescencia: como las hojas de una tijera, por una parte las transformaciones físicas puberales y por otra la respuesta psicológica. A veces se abre la brecha y es mayor aún el corte de lo esperado, se evidencia el corte profundo y radical, además de que sea posible que la pequeña intente buscar soluciones para sustituir el sufrimiento correspondiente. Tales «soluciones» no se expresan sólo con restricciones alimentarias y adelgazamiento, pero empujan a la pequeña a través de un comportamiento hiperfágico funcional, ya sea para rellenar el vacío que tales cortes implican, ya sea para cubrir el cuerpo con capas de grasa o esconderlo.

La atención de los padres y amigos y la intervención de los especialistas (pediatra, psicoterapeuta, neuropsiquiatra) pueden evitar que tales situaciones, generalmente transitorias, se anclen y se transformen en cuadros serios de anorexia, bulimia y/u obesidad. Repasaremos en el último capítulo tales cuestiones afrontando, más en el plano específico, el período preadolescente.

La institución escolar: síntomas psicosomáticos y trastornos alimentarios

Habíamos decidido dedicar un párrafo exclusivo al encuentro del pequeño con la escuela, porque frecuentemente nos hemos encontrado en la consulta con cuadros de trastornos alimentarios infantiles estrechamente ligados a situaciones conflictivas que el pequeño vive en el interior de la institución educativa.

En los párrafos precedentes hemos subrayado la incidencia del proceso de separación, autonomía y diferenciación que hay en el crecimiento y el que no tenga una tendencia lineal. Complicaciones y miedos pueden inhibir o contrarrestar el natural proceso de desarrollo. La entrada en la guardería representa la primera experiencia de separación importante y concreta, además de crear en el pequeño encuentros contradictorios a los cuales el sujeto debe hacer frente utilizando sus recursos psicológicos. Donde estos últimos se revelan inadecuados o fallidos, pueden aparecer síntomas somáticos (dolor de barriga, cefaleas, vómitos) o trastornos psicológicos, como alteraciones del comportamiento alimentario.

En el área de las relaciones con los profesores pueden aparecer lugares de incomprensión y conflictos porque la calidad de la posición de los enseñantes incide notablemente sobre la constitución de la identidad personal que se está formando en el pequeño. La mirada y la palabra de los maestros constituyen un rol determinante en el promover en el niño la adquisición del propio valor subjetivo o, a la inversa, de mortificarlo. Se puede comprender que un niño encuentre un ambiente escolar poco adecuado en favorecer su inserción, porque no basta con la atención y el respeto a sus características particulares (timidez, introversión, extroversión, inseguridad...) o simplemente corresponder a sus exigencias psicológicas (seguridades, confirmaciones, valoración...). La entrada en la escuela puede resultar especialmente difícil y el sujeto de esta edad puede responder con el cuerpo (trastornos psicosomáticos), ya sea con una defensa psíquica o con trastornos alimentarios. No aceptar la comida que ofrece el comedor escolar se convierte en la solución para el pequeño por no poder confiar ni tener confianza en lo que el otro representa para él. No aceptar la comida, en estas circunstancias, es la metáfora de una duda o de una insatisfacción respecto al otro y a su capacidad de reconocimiento y confirmación subjetiva.

Ya sean los síntomas somáticos o los trastornos alimentarios, ambos representan para el pequeño la garantía de capturar la atención de mamá y papá. Nuevamente ponemos el acento en la importancia de que los padres puedan interrogar siempre tales sucesos, no liquidándolos o medicándolos, sino recibiéndolos justamente como portadores de mensajes que expresan malestares psicológicos del niño. A veces pueden asociarse fobias escolares a tales comportamientos, a menudo reactivos, de miedo y rechazo del niño contra la misma escuela.

Un ejemplo: Giada

Giada, escolar de siete años, viene acompañada de su madre y su padre al coloquio y se la presenta como una niña que nunca había dado problemas de inserción en la guardería, hasta que en el segundo trimestre de la escuela elemental ha comenzado con ansiedad gradual al ir al colegio, que se acompaña con quejas continuas de dolor de barriga. Tras la enésima llamada de la profesora debido a la enorme dificultad de la pequeña para comer en el comedor y a una excesiva timidez en la relación con profesores y compañeros, los padres deciden traerla a nuestra asociación. Algunas dificultades alimentarias que los profesores señalan son la extrema lentitud de Giada para comer o la masticación continua de la comida (rumiación) que muestra la pequeña y que la fuerza a pasar el bolo alimentario de una mejilla a otra.

Dado que en casa la hija come sin problema, excepto con particular lentitud, los padres, sorprendidos, se preguntan el porqué, atribuyendo antes de nada el comportamiento alimentario bizarro de Giada al desagrado en la calidad de los menús escolares. La queja de los padres se extiende a la escasa confianza en la restauración del colegio, no consintiendo la apertura a otros interrogantes. Iniciar las charlas con Giada nos permite conocer lo que ha ocurrido y ocurre durante el comedor escolar, la relación interna entre la niña y la educadora que supervisa las comidas y apura a los niños para que terminen. La niña cuenta, llorando, que la señora le da miedo porque está siempre nerviosa, le grita diciéndole que es pequeña y mimosa, angustiándola y acusándola de que los niños malos hacen enfermar a las mamás. De hecho, ¡Giada cuenta que alguna vez la señora le obligó a comer lo que había vomitado en el plato! Es comprensible entonces la experiencia psicológica de la niña, que ha encontrado este modo de expresión con un cuadro ansioso, un síntoma somático y un trastorno alimentario.

Como recuerda Donald Winnicott, el ambiente escolar «debe cumplir una importante función de salvaguardar la higiene mental»,[1] por lo tanto, es necesario que el espacio escolar, así como el comedor, reproduzcan un espacio de protección, acogida y respeto a las exigencias de los niños. Es siempre aconsejable que las madres comparen entre ellas, en particular si los hijos manifiestan trastornos somáticos o psicológicos, para asegurarse de que no se trate de casos aislados o para recibir información útil y necesaria, conociendo la relación interescolar.

Todavía tiene que ser precisado que el reflejo de la escuela es retenido por los niños, sobre todo los más grandecitos, como un lugar de recreación, en el cual dar desahogo a la libertad y freno a las actitudes inadecuadas. La educación en la mesa es una parte que revela la actividad formativa de la escuela primaria, así como es necesario tener presente la responsabilidad de los maestros para promover un comportamiento adecuado de los niños ante la comida, por ejemplo, degustando nuevos sabores o comiendo de manera adecuada. En ese propósito es importante el discurso de una maestra.

Un ejemplo: una maestra

Se trata de una profesora de secundaria, así como de otros colegas que están llevando a cabo un programa de educación alimentaria. Ha tenido grandes dificultades con su clase, por una parte debido a la falta de disciplina (es un grupo muy agitado, especialmente al bajar a la cafetería), por otra, porque hay diversos alumnos que se obstinan en no querer probar algunos menús. La maestra elige qué deben hacer.

---

1. Winnicott, D.W. *Il bambino, la familia e il mondo esterno*, Scientifiche Ma. Gi.srl, Roma, 2005, pág. 187.

Hay dudas que se generan en la estrategia educativa del «saborear», la cual es adoptada a día de hoy en muchos proyectos educativos alimentarios. La pregunta que se pone en juego puede ser resultado del dilema «¿probar o no probar todo?». La interrogación es particularmente significativa en los contextos de dinámicas subyacentes de pactos educativos escuela-familia, que contribuyen a hacer de la mesa el escenario de un conflicto que puede repercutir sobre el comportamiento alimentario de los niños. Por una parte, los hábitos alimentarios y sociales de hoy han redimensionado notablemente los valores de «convivencia» de la comida familiar, en contra de la difusión informativa que recomiendan las guías nutricionales, las cuales son objeto de gran atención social.[2] Por experiencia directa, hemos podido constatar cómo el interés de los padres (que acuden al comedor escolar) se dirige a la higiene y los hábitos alimentarios de la comida, con solicitudes y exigencias de responsabilidad hacia el comedor. Los averiguaciones nutricionales de los padres —sobre las asociaciones en curso, los criterios con que preparan los menús y sobre los valores nutricionales o proteicos— encubren la escena del debate escuela-familia sobre la comida a expensas de los aspectos más estrictamente educativos o psicológicos. Entonces, ocurre frecuentemente que los profesores se encuentran solos a la hora de actuar sobre la educación alimentaria (debiendo mantener a veces discrepancias fuertes con las familias) y se encuentran con motivos de profunda incomprensión.

---

2. Pace, P.; Mastroleo, A. *Sfamami, clínica psicoanalitica dei disturbi alimentari in età pediatrica*, Bruno Mondadori, Milán, 2009, págs. 17-23.

La invitación a probar todas las comidas que se ofrecen es uno de los aspectos de la educación alimentaria que fatigan en mayor medida, entre la mezcla normativa y las diferencias de los padres y alumnos. Por ejemplo, puede suceder que los maestros acojan la respuesta de algunos niños que no hacen una demanda particular específica de rechazo al alimento, pero lo hacen como función imitativa, pues de lo contrario les podría suponer la exclusión del grupo escolar, ¡algo muy importante para algunos padres!

Estas consideraciones a veces confunden la intención inicial de «invitar» a los niños a probar alimentos, pues pueden interpretarlo como obligaciones. La imposición general de «la necesidad de probar todo» en contra del deseo particular de algunos padres hace que respondan con demandas específicas (como la demanda frecuente del «menú en blanco») o posiciones más abiertamente conflictivas que, de hecho, no ayudan a los niños a abrirse hacia la novedad. Otras veces, hay que tener presente que la insistencia puede ser asfixiante, y que la obligación férrea o las conductas punitivas sobre la mesa pueden provocar que el niño emplee el arma de cerrar la boca. De hecho, la mano dura en la mesa también puede aumentar la agresividad en los niños, cuya actitud provocadora, tan lógica a su edad, puede tensionar a los profesores. En los niños que ya presentan más dificultad para comer serenamente, la escuela puede incitar la obligación «de probarlo todo», la sensación de una «coacción injusta» o de una «fuerza amenazante» ante la cual responden potenciando el propio rechazo alimentario.

«Ya no soy un niño». El cuerpo y la alimentación en la pubertad (10-14 años)

«Soy una madre preocupada porque mi hija Sara, de tan sólo once años, se queja insistentemente de estar gorda, quiere que le compre alimentos dietéticos, que desaparezcan los dulces de la despensa, y a la cena me pide que no ponga pan en la mesa. Todo esto ha comenzado a la vez que un juego entre compañeros de clase sobre su página de Facebook, que ha generado una serie de comparaciones con ellos. Mi marido y yo, efectivamente, habíamos notado que estaba un poco gruesa. Ella, a diferencia de la hermana mayor, que siempre ha sido esbelta y alta, en el último año ha cogido algún kilo, pero nunca habíamos hablado en serio sobre adelgazar, sino que bromeábamos y no le dábamos ninguna importancia al tema.

En general, este año había cambiado su ritmo de vida a causa de los deberes de secundaria, lo cual le hacía llevar una vida más sedentaria. Había abandonado las actividades deportivas que hacía en la escuela primaria y el sufrimiento y aburrimiento de las tardes la llevaban a mordisquear chucherías.

Si realiza varias pausas con chucherías o meriendas no ayudas a tu línea... pero a esto no renunciaba. Nosotros habíamos hablado con el pediatra para tratar de proponerle una vida más activa, como ir andando a la escuela en vez de en autobús. Él le había preparado un discurso que la ha tranquilizado. Le ha explicado que está creciendo y que su cuerpo se prepara para el desarrollo, por lo que acumula un poco de energía de más. Le ha hecho comprender que en esta fase ella es como una semilla que acumula agua para convertirse en flor, asegurándola que después, cuando la flor esté completa, tendrá otro aspecto. Esta bella metáfora a mí me ha emocionado, pero ella no estaba contenta, más bien se había mostrado indiferente. Me culpo por la respuesta de mi hija, porque parece que retorna cuando la aviso para cenar y me responde «pero si yo no tengo hambre ahora». De hecho, ha respondido a las palabras del pediatra diciéndome: «yo quiero estar delgada ahora». Todo es tan repentino... esta prisa e intolerancia me preocupan, temo que no se guste, tengo miedo a cometer errores y tengo miedo también a dejarla hacer».

Una madre

La pubertad y lo social

Estas letras testimonian la dificultad que ocasiona la entrada en la pubertad para hijos y padres. La preadolescencia es una etapa del desarrollo que puede surgir entre los 9 y los 14 años y se caracteriza por profundas transformaciones físicas y del funcionamiento subjetivo: cambias las actitudes y a veces también el carácter, y a menudo se modifica también la actitud con la que el niño se dirige a la mesa y a la comida familiar (en el hogar). Pero sobre todo, en la preadolescencia los niños empiezan con las transformaciones del cuerpo y no son conscientes de los efectos del comportamiento alimentario en el mismo.

Como habíamos explicado a lo largo de varios capítulos previos, para el ser humano comer también puede ser fuente de consuelo, puede proporcionar una satisfacción que compensa las frustraciones, llena el vacío o calma el aburrimiento. Es por esto que mantener unas reglas alimentarias a través de una alimentación equilibrada puede no ser fácil, sobre todo en una fase de la vida como ésta, atravesada por una fuerte inestabilidad emocional.

Creciendo, madurando experiencias fuera de casa y adquiriendo información, los niños advierten gradualmente una forma más definida de satisfacer el deseo de la oralidad a través de los alimentos, que satisfacen en la boca con sensaciones fuertes, como las patatas que crujen en los dientes, el chocolate y los *snacks*.

Generalmente, las comidas más consumidas no son las más sanas o las consumidas tradicionalmente por los mayores, padres, médicos o en las escuelas. Todavía no es fácil renunciar a eso. Todos sabemos que las zanahorias crudas son crujientes, pero no colman la boca de sal como las patatas; también el yogurt es cremoso en la boca, ¡pero no produce la satisfacción del chocolate!

La preadolescencia es una edad en la cual el *marketing* propio de la industria alimentaria deja su huella, induciendo al deseo de lo nuevo. La invitación mediática a gozar plenamente de la experiencia oral, vinculada a los carteles publicitarios y los anuncios televisivos, llega directamente a capturar la mirada y la atención de los chicos, sugestionándolos. También a esta edad el sujeto ha adquirido ya un pequeño bagaje de nociones científicas y nutricionales que le generan conflicto entre las buenas reglas alimentarias, los criterios en los que se basan un correcto estilo de vida y el que se impone para satisfacer el deseo de comer. Al ser más autónomo, de otro lado, tiene más ocasiones para confrontar los hábitos de la propia casa con los otros; empieza por tanto a relativizar, para desafiar o criticar los principios sobre los que se basa el propio funcionamiento infantil... también el alimentario.

En esta edad el encuentro del sujeto con la comida, mientras preserva y vehicula una fuerte connotación afectiva que expresa la calidad de la separación evolutiva, se convierte también en un «tratamiento» de las instancias del cuerpo: un objeto, por lo tanto, que satisfaga una exigencia instintiva y colme un capricho, pero que contenga también el poder de transformar la imagen del propio cuerpo. De hecho, como evidencia la actitud de Sara, muchos preadolescentes se encuentran extremadamente sensibles a las variaciones de la propia imagen corporal, que se encuentra en una fase de transición. También las comparaciones con los compañeros empujan a los jóvenes a prestar más atención a las diferencias y a la suya propia, así como a otras conductas alimentarias que producen efectos sobre el cuerpo.

Tenemos aquí la valoración de la propia imagen y de la otra en términos estéticos, es decir, la gordura y la delgadez se convierten inmediatamente en referentes de las elecciones y del régimen alimentario, produciendo un axioma enraizado en la sociedad: «si eres gordo eres culpable y debes redimirte». En particular, el encuentro puberal de los niños con el *kit* de delicados procesos psicológicos, puede verse afectado por la presión que nuestro contexto social ejerce a propósito de la apariencia.

La insatisfacción/malestar de Sara, que es común a muchas chicas que, tras el final de la primaria y su entrada en secundaria se apropian de las invitaciones sociales implícitas de adelgazar, de corresponder al icono social de la belleza femenina. Muchos padres están asustados del poder que lo social ejerce sobre los propios hijos, quienes se arriesgan a vivir con la preocupación de que es necesario cumplir con los ideales sociales imperantes. **En nuestra opinión, es útil no caer en la trampa social que impone el ejército de lo bello y delgado a quienes tienen sobrepeso o son poco populares: no es éste el campo sobre el cual los padres pueden jugar la partida con los hijos.** Se trata más bien de acoger el deseo conformista de los chicos hacia aquello que los representa: el deseo de gustar y gustarse unido al miedo de ser excluido del grupo de iguales. Un padre puede acoger el deseo legítimo de gustar y tranquilizar el miedo, sosteniendo y reforzando el pensamiento crítico de los propios hijos, y contribuyendo a que progresivamente puedan madurar un propio ideal estético conforme a sus identidades, por ejemplo, experimentando en sí mismos cualquier tipo de ropa, de estilo que sea más satisfactorio a uno mismo, más que basarse solamente en las formas que adelgacen el cuerpo.

La irrupción de la pubertad: del cuerpo al sujeto

Con el término pubertad se indica un fenómeno corpóreo que en la vida del ser humano se manifiesta con la aparición del vello púbico sobre el cuerpo (de hecho la palabra pubertad deriva del término latino *pubes*, que también significa pelo), resultado de la transformación hormonal que da comienzo a la maduración sexual. Los primeros signos visibles de tal transformación conducen progresivamente al niño a dejar a la espalda la infancia para aparecer al mundo «de los jóvenes».

El inicio de tal proceso psicológico es denominado «preadolescencia», y en el plano psíquico corresponde a aquellas transformaciones corporales que comienzan con la aparición del vello púbico y se completan con el pleno desarrollo sexual. La «preadolescencia» no coincide, por lo tanto, con una franja de edad precisa, e indica el paso del sujeto desde el funcionamiento infantil hasta el adolescente.

Hoy es frecuente que el camino de maduración preadolescente no sea lineal, sino que esté lleno de fases con detenciones, de regresiones que se solapan. También hoy son frecuentes los casos de debut puberal precoz, que marcan la articulación de la infancia con la adolescencia de modo particularmente complejo: nos referimos a niños de ocho o nueve años que ya han de afrontar los signos de la salida del cuerpo infantil, a veces también la menarquía, es decir, la primera menstruación, cuando anatómica y psicológicamente son aún pequeñas. Sobre todo cuando es precoz, la irrupción puberal puede producir en los padres un pequeño *shock*, es entonces que pueden solicitar un profundo control médico, ya sea para averiguar las razones de la anticipación como para sancionar la transformación, dándole un nombre. Como en el testimonio al inicio del capítulo: el pediatra de Sara, a través de la metáfora del brote, ha ofrecido una explicación que ha dado una explicación en términos evolutivos de cuanto le sucedía. Estas palabras pueden contribuir a tranquilizar la preocupación e incertidumbre de las pequeñas y tranquilizar a los padres. Es importante que éstos no deleguen únicamente en el médico pediatra esta función.

También cuando es prematura, esta irrupción puberal inaugura un proceso del crecimiento que generalmente no proviene de ninguna enfermedad, sino del proceso en los cambios de la maduración. Por lo tanto, es muy útil que la familia acompañe al propio hijo en esta fase de transición de la manera más natural posible, acogiendo y teniendo cuidado de la delicadeza psicológica de esta fase.

Cuando un hijo entra en la adolescencia, a menudo la «escena familiar» sufre una sacudida: los hijos comienzan a hacerse sentir con voz nueva y se hacen visibles impetuosamente, provocando con ello «la mirada» de los padres. A menudo, los padres asisten a una continua oscilación de los hijos entre las posiciones aún infantiles y las actitudes arrogantes y de independencia que los desorientan. A menudo, estos indescifrables comportamientos transmiten una sola demanda: «¿me ves?, ¿puedes reconocer que no soy más tu niño?»; por tanto, es necesaria una nueva dirección de la mirada de la madre y el padre. Las dudas de los padres son muchas: si hay muchas atenciones se arriesgan a resultar involuntariamente invasivos o a entrometerse demasiado; y a la inversa: si lo dejas ir y se respetan los espacios, entonces te arriesgas a mostrarte desinteresado y con excesiva distancia. ¿Cuál es la dirección a elegir? Puede resultar de ayuda distanciarse de la creencia de que la adolescencia forma parte de una «guerra» que se ha de combatir cara a cara entre padres e hijos. Tampoco ayuda el sobrellevar la entrada en la adolescencia como la pérdida de amor infantil del hijo y el fin de la responsabilidad parental. **Recordemos que, sobre todo la primera adolescencia (pero podemos generalizarlo a todo el período adolescente) representa una llamada al rol parental y no a su salida del mismo.** Al entrar en la adolescencia el hijo se nutre aún de la importante e insustituible necesidad de los padres y de su apoyo, que puede continuar funcionando si éstos logran sustituir la propia exigencia de ser indispensables al propio hijo con la «propia disponibilidad para el hijo». La edad adolescente necesita tanto de la presencia respetuosa del padre y madre como de la función de guía y dique parental insustituible, así como de su importante reconocimiento Cuando esto se realiza, entonces el núcleo familiar, con sus ritmos y hábitos, puede representar, en el curso de todo proceso adolescente, el lugar de origen y el lugar seguro donde poder descansar, donde volver para reanudar. Cierto es que esto también requiere desde el inicio de mucha paciencia y una gran disponibilidad para escuchar, observar, comprender y soportar la intolerancia del propio hijo y sus demandas repentinas y aparentemente contradictorias.

De hecho, mientras en la infancia el crecimiento transcurre en general de manera homogénea, el período preadolescente involucra un crecimiento fuertemente desigual en el «todo bajo control»: los padres tienen la sensación de perder el control sobre su hijo, pero también el hijo siente haber perdido el control sobre su vida. De hecho, una de las razones del «mal humor» de la fase preadolescente es la preocupación ante la fatigosa tarea de aceptar la ingobernabilidad de los cambios en el cuerpo. En la última fase de la infancia a menudo los niños añoran crecer, no ven la hora de ser como sus hermanos o primos mayores, a los que admiran.

Todavía entonces, cuando las transformaciones puberales asoman, les muestran un lado ignorado, una irrupción y una imprevisibilidad que deben lograr asumir dentro de sí. Es el cuerpo el que decide y, a veces, cuando estos cambios ocurren, parecen haber llegado «demasiado pronto». Es demasiado temprano para los recursos psíquicos de los jóvenes. De hecho, cada sujeto púber está mirando las sensaciones y significados de lo que está pasando, lo cual es útil para reanudar una continuidad con la propia historia e identidad; es la continuidad la que puede ofrecer la idea de un control. De este modo, para encontrar una sensación de continuidad, el muchacho se compara con los cambios físicos del propio cuerpo, se apasiona del espejo y se compara con sus compañeros en busca de una armonía tras este nuevo cuerpo sexuado y marcado por la pulsión e imagen interna que ha construido en el curso de su infancia. Se trata de una tarea nueva y nada fácil, que puede ocasionar miedo, tensiones y sufrimiento debido a la dificultad de negociar la imagen del propio pasado con las perspectivas del propio futuro.

Sobre todo entre los 10 y los 14 años se abre a menudo una brecha entre la apariencia del cuerpo y los recursos emocionales, afectivos y relacionales. Algunos «doceañeros», por ejemplo, parecen aún niños y, sin embargo, presentan el semblante disruptivo y conflictivo típicamente adolescente; otros, en cambio, en la postura, en la voz y en el aspecto parecen ya hombres o mujeres pero manifiestan una fragilidad, una timidez o una inmadurez psicológica que revelan como un desequilibrio entre el plano físico y el psíquico. En estos últimos casos puede aparecer una profunda dificultad respecto a las transformaciones de la imagen corporal, que por un lado les empuja a desprenderse del cuerpo infantil al que estaban habituados, pero también a adaptarse al nuevo, que aún les resulta extraño.

También, a veces de manera impetuosa, inauguran la experiencia de la sexualidad. Empiezan a descubrir, a vivir la pulsión sexual que llama, y deben contar también con las «exigencias psíquicas» que esto involucra. Esto puede ocasionar temores y preocupaciones, ansiedades exacerbadas hacia el mundo social actual, que después de haber liberado muchos aspectos de la sexualidad —primero objeto de tabú— puede incentivar hoy el «consumo» de experiencias sexuales. También este peculiar funcionamiento social contribuye a promover la anticipación de los tiempos psicológicos y evolutivos propios de la maduración psicológica.

A menudo, los jovencitos se sienten llamados a dar una imagen de sí mismos de cierta autosuficiencia y de aparente autonomía, pero en realidad no están preparados para el encuentro con la sexualidad. Los restos que derivan entre el deseo de adecuarse a una idea liberal y consumista de la sexualidad y la condición aún agria del preadolescente pueden empujar a los jóvenes a poner en marcha comportamientos defensivos de rechazo, o al contrario, comportamientos provocadores y arriesgados.

La diferencia de género

El debut puberal es obviamente un fenómeno muy diferente entre hombres y mujeres y, por lo tanto, los efectos psicológicos y los problemas que desencadena, tanto en el encuentro con la comida o en el encuentro con el cuerpo son simplemente diferentes.

Generalmente, la **maduración puberal femenina** comienza con el desarrollo de los caracteres secundarios: la acentuación temprana de las curvas del cuerpo y la aparición del vello en zonas corporales bien visibles. El florecer del vello sobre la piel de las piernas, los brazos, y a veces sobre la cara tiene una fortísima variabilidad subjetiva, sin embargo, no es casi nunca acompañado de regocijo, porque cuando irrumpe constituye un nuevo aspecto del cuerpo a tratar: ¡además del cabello también la piel! Algunas muchachas rechazan depilarse, otras lo hacen a escondidas, otras confían en el saber de la figura materna. Cualquiera que sea el tratamiento elegido, el nuevo vello podrá involucrar fácilmente sufrimiento o vergüenza.

Poco después el pecho inicia su propia aparición y también las caderas pueden aumentar las dimensiones; a veces incluso la consistencia del cabello cambia, dejando un transitorio sentido de trastorno interno del esquema del cuerpo. **La joven a menudo vive estas transformaciones haciendo del espejo su instrumento privilegiado y del baño de casa un laboratorio personal en el que prueba a domesticar ese cuerpo indomable, a gobernar su propia imagen.** Como los niños en los primeros años de vida, se sirve de la mirada de los padres para poder construir una imagen propia; también a esta edad el sujeto hace uso de la mirada, no sólo la de los padres sino también del ámbito social.

A menudo la transformación puberal de las chicas conlleva un modo de ser vista, sobre todo fuera del ámbito familiar. En el universo femenino la adolescencia comienza con las preguntas: «¿qué quieren ver?, ¿por qué me miran?», o al revés: «¿por qué no me miran?». La joven toma conciencia de que el cuerpo marcado por la feminidad es objeto de miradas particulares por parte del otro sexo, a veces también acompañado de comentarios y palabras que nunca antes le habían dirigido. Se da cuenta lentamente de que su cuerpo puede ahora transmitir mensajes que no domina pero que experimenta. Todo esto le puede servir para responder a la pregunta: «¿qué ve el otro en mí?, ¿qué puedo representar yo para el otro sexo?, ¿me aprecia por aquello que soy o por el cuerpo que tengo?». Esto hace a las chicas extremadamente sensibles a los ideales sociales de «belleza femenina» y más bien vulnerables al juicio de los otros respecto a la propia imagen.

La menarquía, es decir, la primera menstruación, representa la frontera de entrada de la chica en la edad fértil. ¡Pero en esta frontera hay también una aduana e impuestos que pagar! De hecho, la menarquía es propiamente una pérdida, ya sea a través de una pérdida del flujo sanguíneo o por una pérdida simbólica. **La menarquía es el acontecimiento del cuerpo que marca la salida de la infancia y el abandono definitivo del estatuto de niña.** Junto a esto, la improvista visión de la sangre puede asustar o preocupar también a la muchacha aunque esté muy informada y preparada para el acontecimiento, y con este estado de ánimo generalmente se dirige a alguien que pueda sostenerla, tanto en el dolor físico típico de la menarquía como para acompañarla y contener el complejo caudal de emociones contradictorias. Generalmente, se apela a la madre, a veces de forma directa y clara, otras veces implícita e indirectamente. Está bien que las madres no respondan a esta llamada con las simples exposiciones de las prácticas higiénicas con las cuales afrontar esta novedad, ni que la deleguen únicamente al médico. Es importante, en lugar de responder a las necesidades de las hijas, el recibir las palabras que retornan un sentido a tal acontecimiento y calmar el miedo. Se trata de traducir en un evento subjetivo el fenómeno que ocurre en el cuerpo. ¿Cómo? Cada mujer encuentra su propio modo, su propia experiencia de hacerse mujer. Estas palabras íntimas, privadas, ofrecen la posibilidad de contener la experiencia emotiva de la pérdida simbólica, amortiguan la medida del duelo de la infancia y pueden representar la ocasión de dar un sentido armónico a la hija.

En cambio, las transformaciones puberales en los hombres involucran cambios psicológicos más evidentes dentro de las relaciones. Con la pubertad el chico sufre un crecimiento disarmónico y asume actitudes que revelan la búsqueda de una mayor autonomía emotiva y afectiva de los padres —sobre todo de la madre— con el fin de sentirse un hombre y no más el niño de mamá. La incertidumbre física respecto a las transformaciones corporales en curso suscita el temor de que la cercanía a la madre lo feminice o infantilice, haciéndole sentir aún más «niño de mamá», a expensas de la exigencia de hacer emerger su virilidad.

El conflicto con la madre típico de la primera adolescencia masculina nace propiamente de la exigencia del muchacho de reducir un poco el papel de la madre, quien ha sido el centro en su vida infantil, para atribuir mayor valor a las figuras masculinas que representan puntos de referencia con los que medirse (ante todo el padre, pero también profesores, amigos masculinos y otros individuos de su ámbito social). A veces los jóvenes asumen comportamientos abiertamente agresivos que representan una especie de grito de batalla del guerrero, y después expresa y solicita afectos muy infantiles y a veces contradictorios. En ciertos casos, la vergüenza por los momentos de regresión, en los cuales aún siente con fuerza la necesidad de volver a la mamá de la infancia, conduce a vehicular su necesidad de afecto dirigiendo a la mamá «solicitudes instrumentales»... También la demanda alimentaria puede tener este valor. Por ejemplo, un momento antes entra en casa y se va directo a la habitación dando un portazo y poco después va a la cocina de la madre y ¡le pide que le prepare una rebanada de pan y mantequilla!

Las transformaciones hormonales involucran obviamente el crecimiento físico, acompañados del vello, el cambio de la voz y el irrumpir de la personalidad. Este último aspecto sorprende al sujeto y modifica el encuentro íntimo con el propio cuerpo. El autoerotismo asoma sus colores y descubre diversidades respecto a la infancia, en tanto que pasa a relacionarse con las fantasías inherentes las sucesivas maniobras de seducción y relaciones típicas de la sexualidad adulta. El cuerpo se transforma y se revela con fuerza en su ingobernabilidad. Esto puede provocar al muchacho curiosidad e inquietud al mismo tiempo, estimulándole a indagar, a averiguar qué es lo que ocurre en su cuerpo. La masturbación se presenta como medio para darse placer, pero también como un camino útil para indagar, conocerse y aceptar que todo lo que hay funciona bien. Las fantasías de esta edad a menudo dejan entrever angustia, miedo, deseos relativos al período infantil. Tras esto emerge un tipo de angustia característica: el chico que está aún atormentado con el significado y la función del órgano genital que cambia de forma, comienza a temer carencias al compararse con los otros hombres y teme comprometer la seguridad del propio cuerpo por la actividad masturbatoria.

La vergüenza, el temor de cometer actos impuros y el miedo a las comparaciones en los futuros rendimientos sexuales son el precio que el muchacho debe pagar en su esfuerzo para conquistar su identidad sexual.

El valor social de la imagen

La sociedad de hoy atribuye a la apariencia y a la estética un gran valor. Es por este motivo, sobre todo al inicio de la adolescencia, que los jóvenes pueden apropiarse de cánones estéticos socialmente acreditados, utilizándolos como garantía de aprobación social. Es notorio que la estética femenina contemporánea esté fuerte y desesperadamente investida por la atribución de la delgadez; podríamos decir que en los últimos cincuenta años la delgadez inicialmente ha coincidido con el ideal de belleza para convertirse en un valor de base de la estética femenina.

El hilo conductor que une a las diferentes tipologías de los trastornos alimentarios adolescentes se refiere a la preocupación del sujeto para relacionarse con los otros y a afrontar las diferentes demandas de la sociedad, sosteniendo la construcción de la propia identidad de género y la separación de la familia. Respecto a esto es importante subrayar que hoy en día a muchos chicos y chicas les resulta particularmente complejo el encuentro con las demandas y las expectativas del ámbito social. La sociedad envía mensajes confusos o ambiguos respecto al valor de la mujer en relación a los referentes estéticos acerca del cuerpo femenino, y las invitaciones a menudo se centran sobre la imagen que, como habíamos explicado en el párrafo precedente, es el foco de la vulnerabilidad de la primera adolescencia.

A esta edad, tanto para las chicas como para los chicos, los lazos de amistad resultan cruciales y pueden contribuir a reforzar al sujeto o a debilitarlo, a hacerlo vacilar. En el grupo o en las relaciones duales se realiza un reflejo que puede devolver al preadolescente un lugar y una «imagen social» que lo ayudan. El reflejo se realiza espontáneamente en las relaciones entre compañeros y así es centralizado, también a los grupos institucionales de la escuela o en los contextos deportivos, el deseo de afirmación que empuja al adolescente a buscar nuevos interlocutores y nuevas confirmaciones fuera de la cercanía familiar, por lo tanto, es juzgar la intervención de uno mismo, de los profesores y entrenadores. Sentir que tienen un valor para el profesor de secundaria o para el propio entrenador sostiene el deseo y fortalece el anhelo de conocimientos o la formación, y tal alimento es propio de la base del proceso de maduración inherente al aprendizaje escolar o a la educación deportiva.

Por lo tanto, en la escuela secundaria o en el gimnasio, los adultos de referencia tienen una gran responsabilidad para calibrar y juzgar las propias intervenciones. Sus miradas o sus palabras pueden moderar o exaltar el valor de la estética y a la inversa, pueden defender el valor de la ética, contribuyendo a confirmar cada valor propio y transmitiendo un código de comportamiento. **Los juicios basados en criterios puramente estéticos pueden mortificar al sujeto y producir una herida en la imagen de los propios jóvenes.**

La transformación de la mesa familiar

La edad puberal simboliza la ruptura con la infancia y plantea una amenaza al equilibrio del sistema familiar. Los criterios que marcan el tiempo y los ritmos de la familia, así como las reglas que garantizaban el funcionamiento hacen un lío en la lógica preadolescente. Cuando una familia atraviesa una fase de incertidumbre en el horario de comidas, de confusión respecto a la clara demarcación entre la vida diurna y la nocturna, cuando la articulación entre los deberes familiares y el derecho a la libertad individual resulta muy difícil y enciende discusiones, cuando las puertas de las habitaciones están cerradas y las ocasiones para el diálogo y las confidencias entre padres e hijos se estrechan... entonces probablemente uno de los hijos de la casa haya entrado en la primera adolescencia.

Dicho esto, la adolescencia no debe ser vista por los padres como la batalla de Pirro, una lucha valiente incluso en el conocimiento de su derrota, sino que debe ser enfocada, dirigida como una fase de cambio del sistema familiar. También la mesa familiar, en su versión de escenificación y encuentro entre los diferentes miembros de la familia, y la lógica de la dinámica relacional precisan una nueva negociación. Es necesario formular nuevos criterios normativos teniendo en cuenta una mayor autonomía del hijo.

Son necesarios tiempo y tolerancia: el tiempo para escuchar y comprender los mensajes a veces contradictorios que el hijo envía, la tolerancia no sólo respecto a la cara vigorizada y agresiva del hijo, sino también respecto a la elaboración del duelo por la imagen interna que cada padre conserva del propio hijo y la necesidad de operar una nueva definición sobre ésta.

Las modalidades y rituales con las que la familia se reúne en torno a la mesa se encuentran afectadas por el marco cultural y social de la época histórica y de las condiciones de vida. Mientras la mesa familiar está habitada por niños, los padres pueden filtrar la presión social, pueden medir, atenuar y redimensionar la influencia de la moda y los mensajes sociales. Cuando los hijos crecen y muestran velozmente una posición no tan infantil, entonces el poder de la palabra de los padres encuentra una neta reducción. De hecho, con la preadolescencia, los hijos se convierten en los promotores de los problemas sociales, manifestando así, también respecto a la comida y a la mesa, la crítica propiamente adolescente a las tradiciones y hábitos familiares. Es el caso de un padre divorciado que consta bruscamente que el propio niño de 11 años había crecido la noche en la cual, a su habitual propuesta de acudir a la usual pizzería para cenar semanalmente, le escucha responder: «¡basta ya de pizza ecológica, vayamos a comer con las manos un *happy hour*!».

Comida rápida, *happy hour*, reflejan formas emblemáticas del poco tiempo dedicado a la mesa y de la desestructuración de las exploraciones típicas de la comida. Ambos aspectos de la comida moderna reflejan la fragilidad del marco simbólico de la convivencia, de la cual el preadolescente puede adueñarse fácilmente. Por consiguiente, la cita ritual en la mesa se ve afectada por la dificultad efectiva de sintonizar los tiempos de la casa con el ritmo de vida de los hijos, que pasan a ser más autónomos y a estar más ocupados. A veces, las reuniones en la mesa se reducen a una reunión en la noche a la que los jóvenes, por otra parte, tienden a llenar con la presencia de compañeros o amigos o con el otro: el mensaje de chat sobre la pantalla del móvil, o la transmisión televisiva a la que no se puede renunciar. En la fase de transición de la mesa familiar típica de esta etapa del crecimiento, tales «huéspedes» pueden funcionar como interferencia de difícil sintonía con el resto.

Al crecer, los jóvenes adquieren también mayor información de tipo nutricional y pueden confundir fácilmente los criterios sobre los que se basan la buena alimentación con el creciente higienismo de naturaleza fóbica. Este aspecto a veces ocasiona que los hijos escojan una particular selección alimentaria, que a veces se acompaña del cálculo de las calorías o la elección de regímenes alimentarios específicos. Por ejemplo, una muchacha de primaria, al regresar a casa después de una lección intensa de biología declara: «mamá, ¿sabes que se puede vivir bien sin comer nada de origen animal? ¡Me quiero convertir en vegana!». Por el contrario, la opulencia de nuestra civilización y el consumismo que la caracteriza exaltan la satisfacción alimentaria, produciendo una especie de «anestesia mediática» en torno a la comida. Son numerosas las transmisiones televisivas dedicadas a la buena cocina y a las competiciones culinarias que promueven la idea de la irrenunciable y plena satisfacción del gusto. Y sucede de igual forma con las numerosas reseñas sobre las propiedades beneficiosas de ciertas bayas y diversas frutas que a veces se presentan como «superalimentos». Todo este énfasis es obviamente captado por los más jóvenes, que son comparables a antenas de recepción de los mensajes sociales.

También este aspecto contribuye a interrumpir la mesa familiar: las reuniones familiares a la hora de la comida disminuyen, los menús pueden diferenciarse y a veces se multiplican. También la comida probablemente pierde su valor específico relacional abriendo el riesgo de dejar en todos una profunda insatisfacción. ¿Qué hacer? En líneas generales es útil y productivo acoger el significado profundo de las demandas hechas por los hijos y poner orden. Los padres pueden ofrecer criterios de prioridad a las diferentes consideraciones que los hijos promueven. También es posible negociar manteniéndose firme a los principios fundamentales que funcionan en el marco de la convivencia familiar, recordando que los valores específicos de este momento consideran placentero recibir del otro.

Tener una cita con la propia familia no es sólo una obligación. Siempre aporta placer, el placer de saber que el otro te espera, que te da un lugar y prepara cualquier cosa para ti. En la mesa se recibe la comida, pero también ese reconocimiento subjetivo tan importante en la primera adolescencia.

El malestar preadolescente y los trastornos del comportamiento alimentario

El proceso psicológico desencadenado en la pubertad comporta invariablemente inseguridades, demandas y dudas que inquietan, las cuales pueden asociarse también a miedos y desilusiones que contribuyen a una mezcla que puede ser explosiva. Pueden desencadenarse, de hecho, una serie de mecanismos que solicitan recursos psíquicos nuevos, pero que el adolescente aún no aprende.

En el momento de la irrupción puberal, el sujeto puede sentirse profundamente falto de preparación y entonces sentirse obligado a buscar en la relación solitaria con la comida y con el propio cuerpo una muleta a modo de recurso. En edad preadolescente y adolescente el uso de la comida y el cuerpo para expresar un malestar psíquico asume también significados diversos y nuevos respecto a la infancia, lo cual explica su mayor extensión en la población femenina. Ya sea con el tratamiento riguroso del cuerpo o a través del control alimentario, o a la inversa, el consuelo que la comida aporta puede neutralizar los efectos del impacto psicológico de la pubertad o el comienzo de la crisis adolescente. Por ejemplo, la búsqueda de la delgadez, tan aceptada socialmente, puede representar una vía fácil para sentirse más segura y reducir el miedo de sentirse excluida. Este aspecto viene amplificado y sostenido por la constitución del mito de la delgadez que, como habíamos escrito en las páginas precedentes, atraviesa a nuestra sociedad.

Dominar el hambre o fatigar el cuerpo, dando forma a la propia imagen corporal, puede ser una ocasión para representar su dominio sobre la imprevisibilidad corporal y expulsar el misterio angustiante que suscitan las transformaciones corporales. Tales soluciones a menudo expresan la brecha que los propios jóvenes experimentan dentro de sí mismos tras las maduraciones físicas, los aspectos sociales y los propios recursos psíquicos. Se trata, según nosotros, de una especie de «tijera» que se abre demasiado con respecto a la posibilidad del sujeto de hacerle frente. El síntoma alimentario puede también ser preferido, obviamente no a nivel consciente, como solución para que pueda acortar tal brecha, la cual es vivida como excesiva.

A esta edad, la alteración transitoria del comportamiento alimentario puede avisar muy velozmente de la aparición de la estructura de una verdadera patología, dejando signos específicos. Por esta razón es importante acoger y descifrar tempranamente cualquier señal de malestar psicológico que anticipe la estructuración de propios y verdaderos cuadros patológicos (anorexia, bulimia, obesidad).

La maduración psicológica adolescente masculina y femenina atraviesa la incertidumbre y la posible incertidumbre del sujeto para legitimar su propia autonomía, para encontrar un lugar en la relación con el otro sexo y para reconocer al otro el puesto privilegiado de interlocutor de la propia demanda de amor. Cuando el sujeto no está preparado o se siente incomprendido por la familia, o cuando teme decepcionar las expectativas de sus padres, o cuando encuentra en los primeros pasos fuera de la familia mortificaciones que lo vuelven frágil y desorientan puede ocurrir que el sujeto utilice la comida y el acto alimentario como una solución, por ejemplo, para detener el destino biológico y parar el tiempo, sustituyendo con el recurso de la comida el uso de la palabra.

Puede suceder que el alcance traumático referido a la pérdida de cada punto de referencia cierre al sujeto, impidiéndole reorientarse respecto a la pulsión, al amor o a las identificaciones. Los trastornos del comportamiento alimentario pueden entonces convertirse en una solución respecto a la dificultad o imposibilidad de asumir una posición.

La anorexia en particular manifiesta de forma llamativa ese fracaso, dando marcha atrás a la marcha biológica, antidesarrollo. En la anorexia puberal femenina, aunque también en la masculina, el sujeto, a través del rechazo del alimento, se empeña en detener el desarrollo puberal y también en cancelar aquellas características físicas que señalan el tránsito a una posición no tan infantil y sexuada.

El control férreo de la comida y del propio cuerpo puede convertirse también en un modo para detener el crecimiento y restaurar el cuerpo infantil, persiguiendo una delgadez que ofrece un sostén a la fragilidad que siente la joven dentro de sí. En estas circunstancias, el propio valor personal viene a coincidir con un valor estético, un número de la escala. La muchacha que pierde peso siente de repente una fuerte afiliación social; también siente que se corresponde con los cánones de belleza actuales, se siente vista y se deja ver. El propio refuerzo narcisista puede contribuir a la pérdida de la medida de la restricción alimentaria que, progresivamente, puede suspender la capacidad de gestionar el propio control alimentario. El descontento por la propia imagen puede dar lugar también a un comportamiento alimentario voraz, que a veces en los cuadros clínicos se alterna con fases anoréxicas.

A menudo la bulimia representa el «fantasma de la anorexia» y la anorexia la «solución mágica» de la bulimia. Las muchachas anoréxicas, con su férrea determinación, ocultan una verdadera y auténtica fobia hacia la bulimia que justifica y alimenta el empuje al control desesperado del hambre, temiendo que al ceder ante el hambre puedan no ser capaces de detenerla más.

Por el contrario, las chicas bulímicas, en la búsqueda desesperada de las conductas eliminatorias, invocan desesperadamente un control, atribuyendo mágicamente a la posición del rechazo anoréxico (encarnada en la figura etérea de la anoréxica) la representación más inmediata de la solución a sus dramas. He aquí por qué la anorexia y la bulimia están indisolublemente ligadas: son dos caras de la misma moneda. Ambas son soluciones «anti-distanciadoras»: así muestran la dificultad de las chicas para liberarse de la dependencia infantil, permaneciendo unidas. A veces representan una solución al problema, para ellas insoportable, de responder a las exigencias adolescentes y a las tareas del desarrollo.

En el corazón del funcionamiento anoréxico hay una evidencia: la anorexia se ve pronto, captura las miradas, mientras que en el corazón del funcionamiento bulímico hay un secreto, y generalmente es un síntoma que se juzga como una debilidad que ha de ocultarse. También la obesidad (que a veces se produce por un comportamiento hiperfágico o por una alimentación incontrolada), como la anorexia, representa una patología de la mirada. La grasa corporal del chico o la chica es objeto de las miradas de los otros, pero a veces no es una mirada de preocupación. Alrededor a la obesidad a menudo hay escasa atención sobre los aspectos psicológicos subyacentes y a menudo la preocupación es tardía, pues aparece cuando el ligero sobrepeso al inicio de la edad puberal ya se ha transformado en una obesidad importante.

La preocupación de los padres

La preadolescencia, con sus manifestaciones, representa un rasgo en la dinámica familiar que a veces resulta doloroso. Casi siempre es un cambio rápido que desorienta. Padre y madre no saben bien cómo comportarse y temen que el hijo sufra o asuma actitudes y elecciones de riesgo. La preadolescencia inaugura también en el contexto familiar un modo de relacionarse afectado por ansiedades y preocupaciones. Aquí encontramos el motivo por el cual el tratamiento psicológico de los trastornos preadolescentes y adolescentes no puede prescindir del encuentro y la acogida de las preocupaciones y las dificultades de los padres.

Los trastornos de la conducta alimentaria en edad evolutiva son soluciones distorsionadas a una dificultad en el crecimiento que se refiere a aspectos estrictamente emocionales y relacionales. Por esto resulta oportuno ayudar a la familia y a los padres y recibir, acoger e interrogar las posibles «señales de malestar psicológico» que el hijo envía, y no esperar necesariamente a encontrar los signos de la patología.

De hecho, prevenir significa ayudar primero a los padres y profesores que tienen una preocupación respecto a las alteraciones del comportamiento alimentario o a la percepción distorsionada de las transformaciones corporales que cursan en la pubertad, a reconocer «las señales de malestar psicológico». Este entendimiento constituye el primer paso para encontrar las estrategias más adaptadas para deshacerse del uso distorsionado del alimento y del acto de comer y apoyar y permitir el acceso de los hijos a la maduración adolescente. Cuando a la restricción selectiva alimentaria se acompaña también una fuerte preocupación respecto a la imagen corporal, o una rumiación psíquica relativa a la delgadez, o una elección social asociada a alguna demanda hacia los padres de tipo más infantil, es necesario evaluar la hipótesis de que el hijo está viviendo un malestar que no necesariamente será ocasional. En estos casos se necesita confrontar antes de todo al pediatra para excluir y evitar hipótesis de patologías de tipo orgánico y después, eventualmente, dirigirse a un especialista en el campo psicológico. La atención de los padres a las demandas de ayuda representa una primera e importante respuesta que puede disolver el *impasse* subjetivo de los hijos.

En particular, el no escuchar la queja de los hijos en relación a sus dificultades para aceptar su aspecto físico puede contribuir a que se sientan solos en vez de ayudarles a buscar soluciones particulares. Sintiéndose solo, incomprendido, inadecuado e inseguro puede suceder que compense y trate el propio sufrimiento y fragilidad a través de la comida, rechazándola o devorándola.

Conclusiones

Con este libro hemos querido articular el tema del estrecho vínculo entre alimento-amor-mensaje, destacando cómo el primer encuentro con la comida es principalmente un encuentro con el amor, dentro de una relación con el otro que se preocupa por nosotros.

De hecho, tras el nacimiento, el neonato encuentra en el alimento y en el acto nutritivo una importante «provisión» para el cuerpo y para el corazón... el alimento-leche para el bebé es un «objeto afectivo», una de las maneras privilegiadas de relacionarse con la madre y con el contexto familiar completo. Y entonces, **durante todo el crecimiento, conviene recordar que se come siempre de la mesa del otro y, por tanto, aceptando la relaciones, la convivencia...** el amor de una madre no se limita a nutrir, es decir, a ofrecer el pecho y después el alimento como objetos de satisfacción de una necesidad, pero puede responder a la demanda de amor, que no elige el objeto sino la presencia. La madre sí es la mamá de la necesidad, pero también la mamá del don, es decir, se puede reconocer y tener bien diferenciados los planos de las necesidades fisiológicas de las demandas afectivas. En la demanda de amor el centro no es el objeto sino el otro, que se presenta «con las manos vacías», que da lo que no tiene. **«No quiero comer, te quiero sólo a ti» es el mensaje velado en el rechazo alimentario.**

El comportamiento alimentario se convierte a veces muy pronto en vehículo de mensajes que hacen del acto nutritivo una primera forma de comunicación ligada a la dimensión afectiva que caracteriza la relación del pequeño con el entorno familiar. Por esto los trastornos de la alimentación pueden iniciarse en estadios pediátricos tempranos. Los malestares en torno al alimento pueden aparecer en niños muy pequeños, porque el acto de nutrirse representa antes de todo un intercambio y una primera forma de comunicación, es expresión de su relación afectiva con la mamá y el papá. Así se explica la facilidad con la que el acto alimentario puede distorsionarse y transmitir mensajes relativos a un malestar, a la dificultad de separarse y de aceptar las transformaciones puberales que el pequeño o el preadolescente dirige a los propios objetos de amor. El niño sustituye al llanto y a las palabras con el alimento: rechazándolo o devorándolo.

En la infancia y en la preadolescencia un hijo no es sólo «nutrido», siempre se nutre de un particular «alimento» que no llena el estómago, siempre va a nutrir el corazón, es decir, que ofrece respuestas a su demanda de amor, al deseo de ser deseado y reconocido como un sujeto único y diverso.

Durante el crecimiento puede ocurrir que la insatisfacción por el propio cuerpo ya se manifieste durante los años de escuela primaria: la obesidad en la primera infancia es el problema nutricional más extendido en la edad pediátrica y está destinado a sentirse durante mucho tiempo en la edad puberal. Por este motivo habíamos tratado de enfatizar la importancia y la necesidad de dar derecho a la escucha a las primeras señales de malestar del niño o del adolescente, para prevenir la aparición de cuadros sintomáticos más serios. El trabajo de sensibilización y de prevención precoz de los trastornos del comportamiento alimentario en edad pediátrica asume para nuestra asociación un rol clave, porque prevenir en la infancia es una operación posible.

Prevención comprendida como «un añadir primero/incorporar» para hacer posible que los adultos comprendan en los trastornos alimentarios infantiles transitorios el valor de señales de alarma que indican un posible malestar subjetivo del niño, al cual es necesario y preferible prestar la debida atención.

La anorexia, la hiperfagia y la obesidad transmiten siempre un mensaje oculto a los padres y adultos en general: son una puesta en escena de un rechazo, un modo de decir no. Son un grito que dice: «¡mírame!, ¡estoy aquí y sufro!». Se trata de soluciones, también transitorias, con las cuales el niño pequeño y grande piensa que podrá llenar el estómago de alimento o por el contrario de hambre.

Prevenir es mejor que curar y, en la infancia, ¡es una operación posible! Prevenir significa ayudar a los padres y educadores infantiles que albergan preocupaciones sobre el comportamiento alimentario de los niños a que reconozcan las señales de malestar y reciban el mensaje escondido que el comportamiento alimentario infantil transmite. Desde esta perspectiva, el espacio y la escucha ofrecida a las preocupaciones de los padres y a la dimensión familiar cobran una relevancia particular.

No existe tratamiento de los trastornos alimentarios en edad pediátrica y evolutiva que no pueda beneficiarse de un trabajo orientado a acoger las preocupaciones, las dudas y las ansiedades de los propios padres a través de una escucha atenta, empática y que no enjuicie.

Bibliografía

Bernardi, M. (2003). *Ascoltare i bambini*, Fabbri, Milán.
Brusset, B. (1979). *L'anoressia mentale del bambino e dell'adolescente*, Borla, Roma. [Trad. cast.: *La anorexia*, Planeta, Barcelona, 1985].
Freud, S. [1898], (1970). *Vita sessuale*, vol. IX, Boringhieri, Turín. [Trad. cast.: *Ensayos sobre la vida sexual y la teoría de la neurosis*, Alianza Editorial, Madrid, 2017].
— [1905], (1970). *Tre saggi sulla teoria sessuale*, vol. IV, en *Opere*, Boringhieri, Turín. [Trad. cast.: *Tres ensayos sobre teoría sexual y otros escritos*, Alianza Editorial, Madrid, 2012].
— [1914] (1970). *Introduzione al narcisismo*, vol. VII, en *Opere*, Boringhieri, Turín. [Trad. cast.: *Introducción al narcisismo y otros ensayos*, Alianza Editorial, Madrid, 1997].
— [1922], (1970). *L'Io e l'Es*, vol. IX, en *Opere*, Boringhieri, Turín.
— [1938], (1980). *Compendio di psicoanalisi*, vol. XI, en *Opere*, Boringhieri, Turín.
Gull, W.W.; Lasègue, E.C. [1873], (1998). *Anoressia Isterica*, a cargo de Grando G, *La scoperta dell'anoressia*, Bruno Mondadori, Milán.
Klein, M. [1952], (1978). *Alcune conclusioni teoriche sulla vita emotiva del bambino nella prima infancia*, en *Scritti, 1921-1958*, Bollati Boringhieri, Turín.
— (1970). *La psicoanalisi dei bambini*, Martinelli, Florencia. [Trad. cast.: *Principios del análisis infantil : contribuciones al psicoanálisis*, Paidós, Barcelona, 1982].
Kreisler, L.; Fain, M.; Soulè, M. (1976). *Il bambino e il suo corpo. Studio sulla clínica psicosomatica del bambino*, Astrolabio, Roma. [Trad.

cast.: *La desorganización psicosomática en el niño: nuevas aportaciones clínicas*, Herder, Barcelona, 1984].

Lacan, J. [1936], (1974). *Lo stadio dello specchio come formatore delle funzioni dell'io*, vol. I, Einaudi, Turín.

— [1966], (1987). «Due note sul bambino», en *La Psicoanalisi*, n.° 1, Astrolabio, Roma.

— [1956-1957] (1966). *Il Seminario - libro IV. La relazione d'oggetto*, Einaudi, Turín. [Trad. cast.: *El seminario. Libro 4*, Paidós, Barcelona, 1995].

— [1969-1970], (2000). *Il Seminario - libro XVII. Il rovescio della psicoanalisi*, Einaudi, Turín. [Trad. cast.: *El seminario. Libro 17*, Paidós, Barcelona, 1992].

— [1938], (2005). *I complessi familiari nella formazione dell'individuo*, Einaudi, Turín.

Mastroleo, A. (2012). *Basta ciucciare!*, Red edizioni, Milán.

Mastroleo A.; Arcaro L. (2013). *Il pianto della mamma*, Red edizioni, Milán.

Mastroleo A.; Mazzoni M. (2014). *Fratelli*, Red edizioni, Milán.

Negri, R. (2012). *Il neonato in terapia intensiva. Un modello neuro psicoanalítico di prevenzione*, Raffaello Cortina, Milán.

Pace, P. (2010). *Un dolore infame. Genitori e anoressia. Una lettura psicoanalitica*, Bruno Mondadori, Milán.

— (2012). *Il domatore di leoni. Riflessioni psicoanalitiche sulla preziosità della famiglia contemporanea e i padri di oggi*, Bruno Mondadori, Milán.

Pace, P. (2015). *Aiuto sto crescendo. Riflessioni sulle specificità e i disagi del periodo preadolescenziale*, Guaraldi, Rímini, 2015.

Pace, P.; Bottiani, M. (2014). *E io non mangio!*, Red edizioni, Milán.

Pace, P.; Mastroleo, A. (2009). *Sfamami, clínica psicoanalitica dei disturbi alimentari in età pediatrica*, Bruno Mondadori, Milán.

Pace, P.; Pozzoli, S. (2014). *Nutrire il cuore. L'importanza dell'intervento precoce nella prevenzione dei disordini alimentari in età evolutiva*, Edicolors, Génova.

Pozzoli, S. (2011). *Tutto tondo. Note psicoanalitiche sull'infanzia e l'obesità contemporanea*, Bruno Mondadori, Milán, 2011.

Sartre, J.P. (1965). «Lo Sguardo», en *L'Essere e il Nulla*, Il Saggiatore, Milán.
Selvini Palazzoli, M. (1981). *L'anoressia mentale*, Feltrinelli, Milán.
Spitz, R.A. (1958). *Il primo anno di vita del bambino*, Giunti Barbera, Florencia. [Trad. cast.: *El primer año de vida en el niño*, Aguilar, Barcelona, 1993].
Trapani, G; Mastroleo, A. (2006). *Il nostro bambino da 3 a 6 anni*, Red edizioni, Milán.
Vegetti Finzi, S. (1995). *Il bambino della notte. Divenire donna, divenire madre*, Mondadori, Milán. [Trad. cast.: *El niño de la noche: hacerse mujer, hacerse madre*, Cátedra, Madrid, 1993].
Williams, G.; Williams P.; Desmarais, J.; Ravenscroft K. (2006). *Le difficoltà di alimentazione nei bambini. La generosità dell'accettare*, Bruno Mondadori, Milán.
Winnicott, D.W. (1968). *Il contributo della psicoanalisi nel campo dell'ostetricia*, en *La famiglia e lo sviluppo dell'individuo*, Armando, Roma.
— (1970). *Sviluppo affettivo e ambiente*, Armando Editore, Roma.
— (1974). *Gioco e realtà*, Armando Editore, Roma. [Trad. cast.: *Realidad y juego*, Gedisa, Barcelona, 1982].
— (1975). *Dalla pediatria alla psicoanalisi*, Martinelli & C., Florencia. [Trad. cast.: *Escritos de pediatría y psicoanálisis*, Laia, Barcelona, 1981].
— (1993). *Colloqui con i genitori*, Cortina, Milán. [Trad. cast.: *Conversando con los padres: aciertos y errores en crianza de hijos*, Paidós, Barcelona, 1993].
— (2005). *Il bambino, la familia e il mondo esterno*, Scientifiche Ma. Gi.srl, Roma.

g